Harvey Penick
Bud Shrake

Harvey Penick's Golf-Weisheiten

Das kleine rote Buch

Siebte Auflage

blv

Dieses Buch
wurde für Golfer geschrieben –
auf daß ihnen künftig
ein besseres Spiel beschert sein möge.
Und für Golflehrer –
auf daß es ihnen beim Lehren hilft.

Harvey Penick
Austin Country Club
Austin, Texas
1992

INHALT

Einführung

von Tom Kite

Auch wenn es Ihnen vielleicht noch nicht so bewußt ist. Sie sind gerade dabei, eines der wichtigsten, wenn nicht gar das wichtigste Buch zu lesen, das je über das Golfspiel geschrieben wurde. Wenn Sie nie Gelegenheit hatten, eine Stunde bei Harvey Penick zu nehmen, mag Sie diese Feststellung überraschen. In jedem Falle aber wird Ihnen dieses Buch vieles zur Verbesserung Ihres Spiels sagen können.

Zahllosen Golfern hat »Mr. Penicks Sohn«, wie Harvey früher auch genannt wurde, über viele Jahrzehnte hinweg zu einem besseren Spiel verholfen. In seiner Gesellschaft kann man nichts anderes als Wohlbehagen empfinden. Er ist so unkompliziert wie ein ausgewaschenes Paar Jeans, anspruchslos wie ein kleines Kind und gleichzeitig einer der nettesten und klügsten Männer, die ich je kennenlernen durfte. Wobei ich »klug« nicht im Sinne von belesen oder angelernt, sondern im Sinne von natürlicher Intelligenz meine. Harvey Penick kennt, versteht und liebt die Menschen, die sich daher in seiner Umgebung uneingeschränkt wohl und verstanden fühlen. Auch ich erinnere mich gerne und oft an jene verregneten Wintertage, an denen wir uns um Harvey versammelten, der uns das Neuste über Golf-Schwung und -Szene erzählte.

Harvey hat oft gesagt, daß er ein so guter Lehrer wurde, weil er wahrscheinlich mehr Golf-Schwünge und -Schläge gesehen hat, als irgend jemand anderes. Aber es gibt viele Golflehrer, die zahllose Stunden mit ihren Schülern auf der Übungswiese verbringen, ohne am Ende von vorzeigbaren Erfolgen belohnt

zu werden. Harveys Schüler indes verbessern sich ständig, und gleichzeitig verfeinert auch Harvey sein sowieso schon unerschöpfliches Wissen. Selbst heute, nach über sechzig Jahren im Golfgeschehen, sagt er von sich, täglich noch etwas Neues über das Golfspiel zu lernen. Vergleichen Sie diese Aussage einmal mit der anderer Lehrer, die mit Inbrunst der Überzeugung behaupten, es gebe nur eine korrekte Art, den Schläger zu schwingen – die von ihnen gelehrte. Harvey hingegen lehrt jeweils den Schwung, der zur Persönlichkeit seines Schülers paßt. Wie sonst hätte er so viele große Spieler hervorbringen können, während andere Lehrer schon stolz und glücklich sein dürfen, in Zusammenhang von nur einem großen Namen genannt zu werden?
Die Zahl derer, die nach Austin kamen, um bei Harvey Rat, Trost oder auch Zustimmung zu finden, ist so groß, daß der Versuch einer lückenlosen Aufzählung von vornherein zum Scheitern verurteilt ist. In dieser Liste auf keinen Fall fehlen dürften aber Mickey Wright, Betsy Rawls, Sandra Palmer, Judy Kimball, Kathy Whitworth, Terry Dill sowie Don und Rik Massengale. Es war übrigens kein geringerer als Bob Toski, der einst sagte, daß es nur Harvey Penick zuzutrauen sei, zwei vom Charakter und der körperlichen Konstitution her grundverschiedene Spitzenspieler vom Range eines Ben Crenshaw und Tom Kite gleichzeitig zu betreuen, ohne einem der beiden die Spielmethode des anderen aufzuzwingen.
Harvey Penick war aber keineswegs nur ein Lehrer für Spitzenspieler. Es durchjagte ihn auch ein Schauder der Erregung und Freude, wenn ein Anfänger zum ersten Male den Ball traf oder ein Handicap-21-Spieler den Ball aus dem Bunker erstmals tot an die Fahne legte. Meiner Meinung nach war der Austin Country Club über mehrere Jahre hinweg der führende amerikanische Club in bezug auf einstellige Clubmitglieder. Was nicht weiter überrascht: Wer sich die Zeit nahm, mußte sich unter der Führung von Harvey einfach verbessern. Aber glauben Sie nun bitte nicht, daß Harvey uns allen das gleiche auf die gleiche Art und Weise beigebracht hätte. Ich

habe ihn beispielsweise niemals einen Gruppenunterricht geben sehen. Im Gegenteil! Er schickte sogar Zuschauer weg, um zu verhindern, daß sie etwas aufschnappten, das nicht mit ihrer Spielveranlagung vereinbar sein würde. In den über dreißig Jahren, die Ben Crenshaw und ich bislang mehr oder minder gemeinsam auf Golfplätzen verbracht haben, wurde es mir nie erlaubt, bei einer Stunde zuzuschauen, die Harvey Ben gab. Umgekehrt wurde auch Ben stets verbannt, wenn sich Harvey meines Spiels annahm. Auch war Harvey stets sehr sorgsam in der Wahl seiner Worte. Ich habe erlebt, daß er mir die Antwort auf eine Frage 24 Stunden lang schuldig blieb, weil er ganz sicher gehen wollte, keine Antwort zu geben, die falsch ausgelegt werden könnte. Ich bekam aber auf jede Frage eine Antwort – und die stets in positiv vorgetragener Form. »Tu' das nicht« gehört nicht zu Harveys Sprachschatz. Er formuliert es mit Worten wie »Laß' uns stattdessen mal jenes versuchen«.

Wenn alles gesagt, getan und erreicht ist. Wenn die Drives nicht mehr so weit fliegen. Wenn der Schlägerkopf nicht mehr so effizient auf den Ball trifft. Und wenn aus durchschnittlich 29 Putts pro Runde dreißig und mehr werden. Auch für diese Tage hat uns Harvey etwas mit auf den Weg gegeben: Liebe. Eine Liebe zum Spiel, die uns mehr über uns selbst vor Augen führt, als uns dies vielleicht manchmal gar lieb ist. Und eine Liebe zu den Menschen, die mit uns das Spiel teilen.

Für Harvey gibt es keinen Unterschied zwischen dem Anfänger, der den Ball auf seine Weise über den Platz bewegt, und dem Spitzenspieler mit seinem Schwung so sanft wie Seide. Wenn ein Mensch das Spiel liebt, dann wird Harvey alles in seiner Macht stehende unternehmen, um dessen Spiel zu verbessern. Und seien Sie versichert, seine Bemühungen werden von Erfolg gekrönt sein. Dick Coop, der bekannte Sport-Psychologe der Universität von North Carolina, erklärte dies einmal wie folgt: »Harvey lehrt in Parabeln, also in Form von Gleichnissen«. Ich bin davon überzeugt, daß Harvey seinerseits einst einen sehr guten Lehrer gehabt haben muß.

Als ich mich mal lange mit einem guten Freund aus West Texas über Harvey Penick unterhielt, meinte der: »Harvey scheint der zufriedenste Mann zu sein, den ich je kennengelernt habe«. Eine hervorragende Charakterisierung! Dieser Freund, der übrigens ein sehr guter Golfer war und für die Universität von Texas spielte, denkt heute noch oft an Mister Penick. Er sagt noch heute, daß ihm Harveys Lehrmethode und seine einfache Lebensphilosophie immens bei der Suche nach dem Sinn des Lebens geholfen hat. Wenn wir uns doch alle bewußt wären, wie gut wir es mit Harvey hatten! Sofern etwas auch nur ansatzweise mit Golf zu tun hatte, so nahm sich Harvey dessen mit einer tiefen inneren Zufriedenheit an. Hinzu kam, daß Harvey schon in sehr jungen Jahren wußte, worin seine Lebensaufgabe bestand. Ich habe mich oft gefragt, wann Harvey schon Jack Burke sen. kennengelernt hat, der seinerseits in den zwanziger Jahren der erste Golflehrer mit maßgeblichem Einfluß auf das Spiel gewesen sein dürfte. Harvey hat mir einmal erzählt, wie oft und regelmäßig sich in jenen Tagen die angehenden Golflehrer in Jack Burkes Haus zum Gedanken- und Meinungsaustausch trafen. Burke kam ursprünglich aus Philadelphia und war wohl entsprechend stark von den dorthin immigrierten schottischen Pros beeinflußt, die eine einfache, schnörkellose und geradlinige Spielmethode predigten. Von besonderem Einfluß, da bin ich mir sicher, dürfte für Harvey auch die Lehr-Methode von Stewart Maiden gewesen sein – insbesondere in den Jahren, als Maidens Schützling Bobby Jones von Atlanta aus die Golfwelt eroberte. Maiden unterrichtete mit einfachen, direkten Worten. Er vermied alle technischen Ausdrücke, was später ja auch einer der Eckpfeiler von Harveys Lehrphilosophie sein sollte. Harvey verriet mir auch, daß er Bobby Jones' Lehrbuch (»Bobby Jones on golf«) für das beste Golfbuch aller Zeiten hielt. In diesem Werk zusammengefaßt sind, in der schönen Ausdrucksweise der englischen Sprache und kombiniert mit

viel natürlichem Sachverstand, Jones' und Maidens Golf-Erkenntnisse.
Diese Männer hatten gemeinsam mit einigen anderen, die an der Weiterentwicklung des Golfspiels mitwirkten, großen Einfluß auf Harvey. Was ihn schließlich aber aus der Masse der Golflehrer herausragen ließ, ist nicht nur sein unschätzbarer Golf-Sachverstand, sondern seine wirksame Art der Kommunikation. Hierzu sind nur so wenige Golflehrer in der Lage, daß meine Behauptung, dies sei eine Gottesgabe, nicht vermessen sein dürfte. Ich weiß, daß Harvey den Schwerpunkt seines Unterrichts nicht darauf legte, *was* er seinen Schülern zu sagen hatte, sondern *wie* er es sagen sollte. Harveys Ratschläge erreichten uns immer in einem verständlichen, einfühlsamen Ton. Wobei er auch immer berücksichtigte, wie angeschlagen die Psyche eines Golfers ist, wenn er schlecht spielt.
Harvey ließ sich von seinen Schülern regelmäßig deren Hände zeigen, um eventuelle Hornhaut-Bildung festzustellen. Wurde er fündig, dann schlug er ein »Laß' uns mal was versuchen. Plaziere Deine Hände auf den Schläger« vor. Diese Form der Korrektur ist sicherlich wirksamer als die bekannten »Hilfen«: »Greife nicht, drehe nicht, presse nicht die Hände um den Schläger«. »Plazieren« war das Schlüsselwort, mit dem Harvey uns zu einem leichteren Griff führte. Womit er es uns auch erleichterte, den Schlägerkopf zu schwingen.
In vielerlei Hinsicht wurde ich durch Harvey immer wieder an Old Tom Morris erinnert. Old Tom war ein hervorragender Golfer im schottischen St. Andrews, der die British Open im vorigen Jahrhundert viermal gewann. Er war nicht nur als hervorragender Pädagoge bekannt, sondern, wie auch Harvey, für die Emotionen freisetzende Art und Weise, wie er die Philosophie und die Tradition des Golfspiels weitervermitteln konnte. Als Golflehrer (später: Golflehrer ehrenhalber) und Verwalter der Links von St. Andrews war Old Tom Morris Zeuge vieler Veränderungen in und um das Spiel. Ihm wurde im Bewußtsein, zahllosen Golfern unabhängig von deren Spielstär-

ke zu mehr Spielfreude verholfen zu haben, ein langes und erfülltes Leben geschenkt. Auch Old Tom war weise, er behandelte alle Menschen gleich und auch er drückte Dinge einfach aus. Es bedurfte nicht viel, um ihn glücklich zu machen: Solange er von Freunden umgeben war, ein Golf-Match geplant oder über das Golfspiel geredet wurde, dann war's Old Tom rundum zufrieden. Seine Lebensphilosophie gab Old Tom in seinem dichterischen Englisch wie folgt weiter: »Ich habe meinen Gott und mein Golf – das wird mich gut durchs Leben bringen«.

Welch große Freude und Hilfe werden die folgenden Seiten und Kapitel für alle Golfer sein, die an der Verbesserung ihres Spiels interessiert sind! Die Seiten sind für jedermann verständlich geschrieben, da sie aus einem einfachen, gesunden Menschenverstand heraus entstanden. All jene unter uns, die mit Harvey zusammen arbeiten durften, waren stets von seiner Höflichkeit, Großzügigkeit und Freundlichkeit gerührt, die ihresgleichen wohl lange suchen müßten. Ich habe niemals auch nur ansatzweise erlebt, daß dieser gütige und ausgeglichene Mann gegenüber anderen seine Stimme erhoben hätte.

Angesichts dieses bewundernswerten Charakters ist es wohl nicht übertrieben zu sagen, daß Harvey Penick das Beste darstellt, das das Leben und das Golfspiel nur bieten kann.

VON BETSY RAWLS

Bis ich mich 1975 von der Turnierszene zurückzog, war Harvey Penick über meine 30 Golf- und Tourjahre mein einziger Golflehrer. In meinen Augen brachte Harvey das Golfspiel, so wie auch das Leben, auf einige wenige, vernünftige, wertvolle Nenner. Und diese Prinzipien vermittelte er in einfachen, die Tatsachen berücksichtigenden, manchmal auch lustigen Worten.

Er war stets ein Refugium von den Belastungen der Tour. Heimzukehren und Harvey zu treffen, versetzte einen in die

Lage, alle Dinge wieder in ihre richtigen Perspektiven und Dimensionen zu rücken.
Er führte mir jedes Mal aufs Neue die elementare Mechanik vor Augen, auf denen ein guter, effizienter Schwung aufbaut. Harveys Charakterstärke, sein Moralempfinden, seine Hingabe und seine große Weisheit machten mich zu einem stärkeren und verständnisvolleren Menschen. Harvey als Lehrer, Mentor und Freund gehabt zu haben, war das große Glück meines Lebens.

VON MICKEY WRIGHT

Ich habe sehr viele Stunden bei und mit Harvey Penick auf der Driving-Range des Austin Country Clubs verbracht. Nicht nur, weil er mein Lehrer war, sondern auch, weil ich ihn gerne beobachtete und ihm ebenso gerne zuhörte.
Die unkomplizierte Art seines Lehrens hat mich immer wieder gerührt. Er legte großen Wert auf einen guten Griff, den er als das entscheidende Element des Schwungs betrachtete. Er vermittelte seinen Schülern das Gefühl für einen guten Schwung mit verschiedenartigsten Hilfsmitteln, wie beispielsweise einer Sense oder einem schweren, an einer Kette befestigten Ball.
Er ging auf die individuellen Charaktere und Probleme seiner Schüler ein, ohne die Menschen in ein bestimmtes Schema pressen zu wollen. Und er unterstrich unermüdlich die Bedeutung eines guten kurzen Spiels. Sehr erfolgreich, wie sich schon daran zeigt, daß seine bekanntesten Schüler Ben Crenshaw, Tom Kite und Kathy Whitworth zu den besten Spielern rund ums Grün zählten.

VON KATHY WHITWORTH

Harvey Penick ist nicht nur der perfekte Club-Pro und Golflehrer, sondern auch eine wohl einzigartige Persönlichkeit. Er hat sich nie für finanzielle Vorteile oder Publicity interessiert. Und ich kann mich auch nicht daran erinnern, jemals für eine Stunde bezahlt zu haben.

Sein schönster Lohn bestand darin, so erzählte er mir, jemandem erfolgreich zu helfen, den Ball besser zu treffen. Seine Lebenseinstellung, seine Ehrlichkeit und seine Integrität hatten einen ebenso starken Einfluß auf mein Leben, wie seine Lehre es auf meinen Schwung hatte. Ihn als Vorbild gehabt zu haben, hat mein Leben bereichert. Und wird es in der Zukunft noch mehr bereichern, wenn ich meinerseits versuche, eine gute Golflehrerin zu sein.

Harvey hat während all seiner Wirkungsjahre viele Menschen beeindruckt. Mit diesem Buch und durch die Erzählungen der Leute, denen es vergönnt war, ihn persönlich zu kennen, wird er auch weiterhin Golfer in seinen Bann schlagen.

Was für ein schöner Gedanke!

VON MARY LENA FAULK

Ich glaube, Harvey Penick hat mehr Leuten zu einem besseren Schwung und einer entsprechend größeren Spielfreude verholfen, als irgendjemand anderes. Dabei spreche ich nicht nur von vielen großen Spielern (Betty Jameson, Betsy Rawls, Ben Crenshaw, um hier nur ein paar zu nennen), sondern ebenso von zahllosen Hobby-Golfern. Alle, die von ihm unterrichtet wurden, erhielten fundiertes Hintergrundwissen über den Golfschwung und ihre individuellen Schwachstellen. Und, was vielleicht noch wichtiger war, stets verständlich dargelegte Lösungs-Vorschläge.

VON DAVE MARR

Die Golfwelt war stets reich an besonderen Charakteren. Ich hatte das große Glück, während der mehr als vierzig Jahre, die ich diesem Spiel nun verbunden bin, viele Menschen zu treffen. Gute wie schlechte.

Eine der herausragensten Persönlichkeiten, die ich dabei kennenlernen durfte, ist Harvey Penick. Ich kenne niemanden, der sich mehr für das Golfspiel interessierte oder sich um die Menschen, die es lieben, mehr gekümmert hätte. Schon für die Art und Weise, wie er den Menschen in all den Jahren gegenübergetreten ist, gebührt ihm besondere Anerkennung.

Sofern ein Lehrer danach beurteilt wird, was seine Schüler erreicht haben, so steht Harvey Penick nicht nur an der Spitze des Golfsports, sondern auch an der Spitze des Golfs als Lebensphilosophie.

Ich verehre Harvey Penick für all das, was er geschafft und geleistet hat.

VON BYRON NELSON

Harvey Penick ist einer der ganz großen Lehrer der Golfgeschichte. Er hat vielen Golfern geholfen, zu denen ich auch mich und hunderte von Schülern, denen ich ihn empfahl, zählen darf.

Harvey ist durch und durch ein Gentleman, der den meisten seiner Schüler auch ein guter Freund geworden ist. Mir wird er Zeit meines Lebens ein sehr guter Freund bleiben.

Mein kleines rotes Buch

Ein erfahrener Lehrer sagte mir einst, daß Originalität nicht darin besteht, etwas zu sagen, was noch niemals gesagt wurde. Sondern in der Art und Weise, wie man etwas, von dem man überzeugt ist, vermittelt. Vor mehr als sechzig Jahren habe ich begonnen, in dem Heftchen, das man heute »Das kleine rote Buch« nennt, Beobachtungen und Erlebnisse festzuhalten. Bis vor kurzem noch war es niemanden, mit Ausnahme meines Sohnes Tinsley, gestattet, in meinem kleinen roten Buch zu lesen. Meine Frau Helen hätte natürlich auch die Erlaubnis dazu gehabt. Aber als Frau, die ihr ganzes Leben an der Seite eines ehemaligen Caddies verbracht hat, konnte sie sich auch auf andere Art und Weise jede nur erdenkliche Information über Golf beschaffen.
Ich hatte ursprünglich vor, mein kleines rotes Buch eines Tages an Tinsley weiterzugeben, der mich 1973 als Head-Pro im Austin Country Club ablöste. Damals wurde mir übrigens, nachdem ich 50 Jahre lang in dieser Funktion tätig gewesen war, der Titel »Head-Pro Emeritus« (Head-Pro im Ruhestand) verliehen.
All die Erkenntnisse, die ich in dem kleinen roten Buch festgehalten habe, sollten Tinsley in seinem Beruf helfen, wenn ich einmal nicht mehr bin.
Tinsley ist selbst ein hervorragender Lehrer und hat zu dem Hintergrund-Wissen dieses Buches jahrelang mit beigetragen. Das Buch mit seinem von mir gekritzelten Inhalt aber gab es nur in einer einzigen Fassung, die ich stets in meiner Akten-

tasche verschlossen hielt. Wann immer Mitglieder oder Gäste von auswärts bei mir um Rat bei Schwungproblemen nachfragten, hielt ich die daraus gewonnenen Erkenntnisse in meinem kleinen roten Buch fest. So wuchs es langsam zu einem beachtlichen Volumen heran, gefüllt mit Erkenntnissen, die ich im Laufe meines Golferlebens bekam, sammelte und niederschrieb.

Oft wurde ich von Spielern gebeten, das kleine rote Buch lesen zu dürfen. Aber ich gestattete es niemandem. Auch Tommy Kite, Ben Crenshaw, Betsy Rawls, Kathy Whitworth, Betty Jameson, Sandra Palmer oder all den anderen nicht, unabhängig davon, wie sehr ich sie auch immer schätzte.

Was mein kleines rotes Buch so besonders macht, ist nicht die Tatsache, daß in ihm etwas steht, was noch niemals zuvor gesagt wurde. Besonders ist es vielmehr, weil es Aussagen über das Golfspiel und den Golfschwung macht, die alle Überprüfungen der Zeit überstanden haben, ohne ihre Gültigkeit zu verlieren.

Es gibt Dinge, die über den Golfschwung geschrieben wurden, die meiner Meinung nach nur durch Zufall den erwünschten Erfolg bringen können. Ob aber für den Anfänger, den mittelmäßigen Spieler, den Experten oder für Kinder – alles, was ich in meinem Buch sage, hat zahllosen Überprüfungen standgehalten.

Im vergangenen Frühjahr saß ich eines Morgens wieder einmal in meinem Rollstuhl unter den Bäumen der Veranda des Austin Country Clubs. Sofern ich mich für diesen Ausflug gut genug fühle, fährt mich meine Krankenschwester Penny, eine geduldige junge Frau, jeden Morgen die paar Blocks von Zuhause hierher.

Ich bleibe nie länger als eine, höchstenfalls zwei Stunden. Und ich komme nicht öfter als drei- oder viermal die Woche. Möchte ich doch auf keinen Fall, daß sich die Mitglieder durch mich belästigt fühlen. Außerdem möchte ich nicht den Eindruck erwecken, ich würde Einfluß auf die Arbeit unserer Golflehrer nehmen. Oft beobachte ich Jackson Bradley auf der

Driving-Range und manchmal bin ich auch versucht, einen Rat zu geben. Aber ich halte mich stets zurück.
Allerdings, wann immer mich mein alter Freund Tom Kite um Rat frägt, dann bin ich für ihn da. Dabei frägt Tommy immer ganz schüchtern, so als sei er besorgt, daß ich mich überfordern könnte. Dabei läßt seine Bitte mein Herz jedes Mal aufs Neue vor Freude höherschlagen.
So manche Nachtstunden habe ich in meinem Bett schon an die Zimmerdecke gestarrt und mir dabei Tommys Bilder von der letzten Golf-Fernseh-Übertragung in Erinnerung gerufen. Dann bete ich immer, daß er bald mal wieder vorbeikommt. Wenn er es wünschte, würde ich sogar mit meinem Grundsatz brechen, niemals am Wochenende den Club aufzusuchen. Sondern mich sofort von Penny zum Putting-Grün fahren lassen. Und dies, obwohl ich weiß, daß es Penny schon wütend macht, daß ich lieber Tommy beim Putten zuschaue, als mich pünktlich zum Mittagessen nach Hause fahren zu lassen.
Gerne sitze ich auch im Schatten der Bäume am Rande des Putting-Grüns in meinem Rollstuhl und erfreue mich der leichten Frühjahrs-Brise, der satten Farbe des Grüns sowie des wunderschönen Ausblicks auf den Golfplatz mit dem blauen Wasser des Lake Austin im Hintergrund. Es ist das schönste und friedvollste Stückchen Erde, das ich kenne. Und vielleicht kommt dabei ja auch die junge Touring-Proette Cindy Figg-Currier zu mir und frägt zaghaft an, ob ich ihr ein paar Ratschläge zu ihrem Putt-Stil gebe. Natürlich gebe ich ihr welche. Schließlich bereitet es mir eine ebenso große Freude, einer jungen Nachwuchshoffnung wie Cindy Figg-Currier zu helfen, als einem gefeierten Golf-Helden wie Tom Kite.
Don Massengale, der auf der Senior-Tour spielt, rief mich eines Abend an und bat um eine fernmündliche Putt-Stunde. Da ich nicht mehr sehr gut hören kann, mußte Helen das Gespräch für mich führen. Sie vermittelte hin und her, während ich Don Massengale seinen Putt-Griff umstellen ließ.
Kurz zuvor war unser alter Freund Ben Crenshaw, der Masters-Sieger, mit seiner Frau und seiner Tochter bei uns vorbei

gekommen. Immer wenn ich ihn sehe, erinnere ich mich an die Jugendgruppe, die ich einst, noch auf der Driving-Range des alten Austin Country Clubs, unterrichtete und aus der später sowohl Ben als auch Tommy hervorgehen sollten.

Ben ist einer der größten Spieler aller Zeiten – und ein absolutes Naturtalent. Als er noch ein Junge war, ließ ich ihn nur ganz wenig üben, weil ich Angst hatte, er könne sich etwas Falsches angewöhnen. Inzwischen hat Ben gemeinsam mit einem Partner einen eigenen Platz gebaut: Den Barton Creek Country Club, der nur zehn Autominuten von unserem Heim entfernt liegt. Ich freue mich jedes Mal sehr, wenn Ben vorbeikommt oder mich von irgendeiner Meisterschaft aus anruft.

Ben hatte uns kaum wieder verlassen, als die Türglocke erneut klingelte. Eines unserer Clubmitglieder, Gil Kuykendall, trat gemeinsam mit dem Luftwaffen-General Robin Olds in unser Wohnzimmer und erkundigte sich, ob es mir möglich wäre, dem General vom Rollstuhl aus im Zimmer ein paar Tips zu geben. Die beiden hatten für ein Turnier gemeldet, der General bislang aber nur einige wenige Male Golf gespielt. Konnte ich ihm hier im Wohnzimmer etwas beibringen? In nur einer halben Stunde?

General Olds ist ein netter, älterer Herr mit einem sehr muskulösen Oberkörper. Diesen hat er seiner Jugend als Football-Spieler im Team von West Point zu verdanken. Er hat Muskeln, die, um es mit den Worten von Bobby Jones zu sagen, Eisenstangen verbiegen können. Die allerdings für das Schwingen eines Golf-Schlägers nicht sonderlich gut geeignet sind.

Ich empfahl dem General einen starken Griff und brachte ihm einen ganz kurzen Schwung, nur von Hüfthöhe zu Hüfthöhe, bei. Kräftig, wie der Mann ist, reichte dieser Schwung vollkommen aus, um den Ball vorwärts zu treiben. 100 Schläge wird er so in einem Turnier wohl nie unterbieten. Aber er wird über den Platz kommen.

Als uns auch das Mitglied und der General wieder verlassen hatten, schimpften Helen und Penny, daß ich mich überan-

strengen würde. Erst der Besuch von Ben. Davor noch der Besuch des Mädchens, das mit meiner Hilfe hofft, den Sprung ins Damen-Team der Universität von Texas zu schaffen und mir eine kurze Stunde lang von ihren Fortschritten erzählte. Und nun noch das Mitglied und der Oberst.
Es stimmt, daß ich danach sehr müde war. Aber mein Geist war hellwach und mein Herz schlug vor Freude höher. Ich lehrte wieder Golf. Und nichts hat mir Zeit meines Lebens mehr Freude gemacht, als zu lehren. Es bereitete mir von jeher ebensoviel Befriedigung, einen Anfänger zu unterrichten, wie beispielsweise die Dame aus Paris, die eigens von Frankreich aus anreiste, um später mit ihrem Mann auf die Runde gehen zu können, als einen der großen Spieler, die ich zu meiner großen Freude im Laufe meines Berufsleben betreuen durfte. Wenn einer meiner weniger talentierten Schüler unter meiner Anleitung seinen ersten guten Schlag macht, pflege ich zu sagen: »Ich hoffe, dies bereitet Ihnen genauso viel Freude wie mir«. Ich bekomme wirklich Gänsehaut auf den Armen und ein prickelndes Gefühl im Hals, wenn ich helfen kann.
Jedes Mal, wenn ich etwas Neues über den Schwung, den Stand oder die psychologische Seite des Golfsports herausfand, dann hielt ich dies in meinem kleinen roten Buch fest. Gelegentlich ergänzte ich es noch mit Eindrücken von Spitzenspielern, die ich kannte, wie Walter Hagen, Bobby Jones, Ben Hogan, Byron Nelson, Sam Snead, Jack Nicklaus, Arnold Palmer, Tom Kite, Ben Crenshaw, Betty Rawls, Kathy Whitworth, Betty Jameson, Mickey Wright, Sandra Palmer und viele andere herausragende Persönlichkeiten des Golfsports.
Ich benütze in meinem Unterricht gerne Bilder und Parabeln, die sich im Gedächtnis bildlich festsetzen und dadurch die entsprechende Bewegung in Fleisch und Blut übergehen lassen. Auch diese Bilder und Parabeln sind in meinem kleinen roten Buch festgehalten, sofern sie sich als effizient erwiesen.
Während meiner mehr als sechzig aktiven Jahre fragten immer wieder Autoren bei mir an, ob sie ein »Wie spiele ich

Golf«-Buch für mich und mit mir schreiben könnten. Ich habe stets höflich abgelehnt. Einmal, weil ich mich nicht als Genie betrachte. Ich fühlte mich stets nur als einfacher Lehrer eines Spiels, das auch mich tagtäglich dazulernen läßt. Was ich dabei alles lernte, sollte nicht meiner publikumswirksamen Darstellung in der Öffentlichkeit dienen. Auch konnten mich keine finanziellen Anreize locken. Was ich lernte, wollte ich ausschließlich mit meinen Schülern teilen. Und eines Tages an meine Kinder Tinsley und Kathryn weitergeben.
An diesem schönen Frühjahrsmorgen aber, auf der Veranda unseres Clubhauses im Schatten der Bäume, machte sich ein Meinungsumschwung in mir breit. Während ein Eichhörnchen zu meinen Füßen herumsprang und eine schwarze Dohle in den Zweigen des Baumes eine stimmgewaltige Vorstellung gab, saß ich da und fragte mich, ob man mich egoistisch schimpfen dürfe. Sollte es falsch sein, meine Erkenntnisse und Erfahrungen zu horten? Sollte es nicht vielmehr der Sinn meines 87jährigen Lebens und meiner traumhaften Karriere gewesen sein, das Gelernte der Nachwelt zu übermitteln? War mir die Gabe meines Lebens gegeben worden, damit ich sie geheim hielt?
Noch während ich diesen Gedanken nachhing, trat Bud Shrake, ein Schriftsteller, der in den Bergen nahe unseres Clubs wohnt, zu mir unter den Baum. Wir unterhielten uns zunächst einige Zeit über seinen Bruder Bruce, den ich während meiner Zeit als Trainer der Universität von Texas unterrichtet hatte. Und dann plötzlich sprudelte es nur so aus mir heraus. »Ich möchte Ihnen etwas zeigen, das bisher noch niemand außer meinem Sohn Tinsley lesen durfte« sagte ich, öffnete meine Aktentasche und übergab ihm mein kleines rotes Buch. Ich fragte ihn, ob er mir helfen würde, es in eine veröffentlichungswürdige Form zu bringen.
Statt einer Antwort ging Bud in den Pro-Shop und kehrte kurz darauf mit Tinsley zurück. Ich fragte meinen Sohn, was er von der Idee hielte, das kleine rote Buch einer größeren Menge von Menschen zugänglich zu machen. Tinsley blickte mich mit

einem Lächeln an, das ich wohl nie vergessen werde. »Ich habe so sehr gehofft, daß Du mich das eines Tages fragen würdest« meinte er schließlich.
Und so öffnete sich an jenem Frühjahrsmorgen mein kleines, rotes Buch.

Golf und Medizin

Wenn ich Ihnen rate, etwas Aspirin zu nehmen, dann werden Sie doch hoffentlich auch nicht gleich die ganze Schachtel schlucken!
Bei einem Golfschwung kann eine winzige Veränderung einen riesigen Unterschied bewirken. Was zunächst noch mit einer unbelasteten Natürlichkeit versucht wird, kann rasch zu einer Überdosis an Verbesserungs-Bemühungen werden. Das Ergebnis: Sie übertreiben das eigentlich Positive – und stehen plötzlich ebenso hilflos wie zu Beginn der Übungseinheit da.
Übrigens: Unterrichtsstunden sind kein Ersatz fürs Training. Aber sie machen es erst effektiv.

Wo liegt das Problem?

Ob ich Sie über Schwungfehler lehre oder Sie über Ihre Schwungfehler lernen: Zuallererst gilt es festzustellen, ob es sich um ein Schwungproblem oder »nur« um die Neigung Ihrer Schlagfläche im Treffmoment handelt.

Das Aufschauen

Während des Schlages aufgeschaut zu haben, dürfte die schlimmste Ausrede sein, um einen schlechten Schlag zu erklären. Denn der Fehler, der den schlechten Schlag verursacht hat, wird bereits vor dem Aufschauen begangen.
Wenn ich einem Schüler erkläre, er solle den Ball fest im Blickfeld behalten, so geschieht dies lediglich, damit er sich auf etwas einfaches, nachvollziehbares konzentrieren kann.

In meinem Golflehrer-Leben habe ich nämlich nur drei oder vier Spitzenspieler kennengelernt, die von sich behaupteten, den Ball im Treffmoment zu sehen. Selbst Ben Hogan hat mir gegenüber zugegeben, den Ball »irgendwann während des Abschwungs« aus den Augen zu verlieren.

Die Position der Hände

Vom Schlag mit dem Driver abgesehen, möchte ich, daß bei jedem Ihrer Schläge Ihre Hände zur Innenseite Ihres linken Oberschenkels zeigen.
Beim Schlag mit dem Driver hingegen sollen Ihre Hände zum Hosen-Reißverschluß deuten. Dadurch rücken Ihre Hände in der Ansprechsposition etwas hinter den Ball. Dies, um den Ball im Durchschwung zu treffen.

Die drei wichtigsten Schläger

Eines Tages besuchte mich Herbert Warren Wind, ein in jeder Hinsicht hervorragender Golf-Autor. Er wollte von mir wissen, welche meiner Meinung nach die drei wichtigsten Golfschläger seien. Ich sagte: »Der Putter, der Driver und die Wedge«. Herb erzählte mir daraufhin, daß Ben Hogans Antwort auf dieselbe Frage »Der Driver, der Putter und die Wedge« gewesen sei.
Ich sehe das so: Während einer Runde kommt der Driver 14 Male zum Einsatz. Gleichzeitig bekommt der Spieler es aber mit 23 bis 25 Putts zu tun, die zwar von der Länge her nicht ins Loch »müssen«, aber »sollten«. Ein eineinhalb-Meter-Putt zählt natürlich genauso als ein Schlag wie ein 250 Meter langer Drive. Aber: Der Putt erweist sich als weitaus bedeutsamer für den Score.
Psychologisch ist der Drive äußerst wichtig. Ein gut getroffener Abschlag hebt automatisch das Selbstvertrauen. Gleichzeitig können zwei hintereinander in den Wald geschlagene Drives dem Selbstvertrauen einen gehörigen Dämpfer versetzen.

Man kann es aber drehen und wenden, wie man will. Nichts ist aus psychologischer Sicht wichtiger als das Lochen der Putts. Nicht nur, daß man dadurch noch mehr Selbstvertrauen gewinnt – gleichzeitig verunsichert man auch die Mitbewerber. Ein gutes Putten ist der Traum und das Ziel eines jeden Golfers. Ein schlechtes Putten hingegen ist der Horror eines jeden von uns.
Die Wälder sind voller langer Abschläge.

Der Griff

Mit einem schlechten Griff werden Sie niemals einen guten Schwung haben können. Denn ein schlechter Griff verlangt nach unbewußten Ausgleichsbewegungen im Schwung, um den Ball doch noch sauber, sprich »square« zu treffen.
Selbst der schönste Al Geiberger-Schwung ist wenig wert, solange der Spieler nicht einen Griff hat, der die Ausführung dieses Ideal-Schwungs ermöglicht. Einmal angenommen, Al würde seine Hände nur »so irgendwie« um den Griff legen – dann würde ihn auch sein bewundernswert schöner Schwung nicht davor bewahren, seinen Ball jenseits der Aus-Grenzen suchen zu müssen.
Ich bestreite nicht, daß es gut ist, den Schwung eines Top-Spielers zu imitieren. Immer vorausgesetzt, der Top-Spieler hat eine ähnliche Körpergröße und -konstitution. Doch auch dann bringt das Imitieren nur den gewünschten Erfolg, wenn auch der Griff des Vorbildes genau angesehen wird. Und gleichzeitig versucht wird, auch den nachzumachen!
Als Golflehrer habe ich immer wieder die Erfahrung gemacht, daß es eine meiner wichtigsten Aufgaben ist, auf den Griff meiner Schüler zu achten.
Angenommen, ein »Einmal-die-Woche-Spieler« beklagt sich bei mir, sein Spiel seit Jahren nicht mehr verbessert zu haben. Rate ich diesem Spieler nun nichts anderes, als seinen Schläger lehrbuchhafter zu greifen, dann werde ich ihn wohl nie wiedersehen. Denn zunächst einmal wird er den Ball so fürch-

terlich schlecht treffen, daß ihn nichts mehr von der Überzeugung abbringen wird, in mir auf den unfähigsten Golflehrer der Welt hereingefallen zu sein.

Eine Griff-Änderung erfordert ein hohes Maß an Übungsbereitschaft. Ich wäre also wirklich ein schlechter Lehrer, verlangte ich von einem Schüler in einer einzigen Unterrichtsstunde, seinen Griff radikal zu ändern. Außer – der Schüler erklärt sich ausdrücklich bereit, die mit der Griff-Umstellung anstehende intensive Trainingsarbeit auf sich zu nehmen. Und zudem vorausgesetzt, daß der Schüler in der Lage ist, den schwungtechnischen Hintergrund meiner vorgeschlagenen Griff-Veränderungen nachzuvollziehen. Handelt es sich nämlich um einen talentierten Spieler, der regelmäßig spielt beziehungsweise oft übt, dann kann eine Griff-Änderung geradezu wundersame Ergebnisse mit sich bringen.

Kirby Atwell beispielsweise wollte unbedingt in mein Golf-Team an der Universität von Texas aufgenommen werden. Er hatte auch einen guten Schwung, aber leider einen schwachen Griff, wodurch seine Schlagfläche im Treffmoment nach rechts verkantete. Seinen Schlägen fehlte es dementsprechend an Präzision, zumeist landeten seine Bälle rechts des anvisierten Zieles. Versuchte er hingegen ganz bewußt, die Schlagfläche im Treffmoment »square« an den Ball zu bringen, so war das Ergebnis meist ein scheußlicher Hook.

Nachdem ich den Jungen lange genug beobachtet hatte, um sein Spiel gut zu kennen, drehte ich seine linke Hand mehr nach rechts. Dasselbe tat ich mit seiner rechten Hand, wenngleich auch etwas weniger deutlich.

Glauben Sie nun aber bitte nicht, daß Sie automatisch mit der rechten Hand anders greifen müssen, wenn Sie den Griff der linken Hand etwas verändern. Zumeist genügt es, die Griffstellung nur einer Hand zu verbessern. Bei Kirby Atwell lag der Fall etwas gravierender. Da mußten wir schon an beiden Händen arbeiten, um ihm zu einem stärkeren Griff zu verhelfen.

Kirby schaute mit fassungsloser Miene auf seine Hände, die für ihn so völlig ungewohnt auf dem Schlägergriff lagen. »Harvey«, meinte er schließlich, »mit diesem Griff werde ich den Ball über den Zaun hooken«. Ich bat ihn, gerade dies zu versuchen.

Kirby schlug einen langen, guten, schnurgeraden Ball, über den er ebenso überrascht wie erfreut war. Kirby wurde ein hervorragender Spieler der Universität von Texas. Aber er hatte auch den Willen, die Geduld und die Zeit, den neuen Griff so lange zu üben, bis dieser wie Fleisch und Blut in seinen natürlichen Schwung übergegangen war. Denn: Was für den einen Golfer gut ist, muß für den anderen Golfer nicht rechtens sein.

Der Interlocking Griff, bei dem der linke Zeigefinger zwischen den kleinen und den Ringfinger der rechten Hand »gesteckt« wird, ist gut für Golfer mit kurzen Fingern. So wie dies bei Gene Sarazen, Jack Nicklaus und Tom Kite der Fall ist beziehungsweise war.

Der Overlapping Griff, bei dem der kleine Finger der rechten zwischen den Zeige- und Mittelfinger der linken Hand (oder nur über den Zeigefinger) gelegt wird, ist sowohl bei Amateuren wie bei Top-Spielern der wohl verbreiteste Griff. Wobei die Top-Spieler den Overlapping Griff individuell variieren. Ben Hogan, Arnold Palmer, Byron Nelson, Ben Crenshaw, Sam Snead, Al Geiberger und Payne Stewart sind allesamt Beispiele für Spieler mit Overlapping Griff – und dennoch unterscheidet sich jeder ihrer Griffe von dem der anderen.

Beim Zwei-Hand- oder auch Zehn-Finger-Griff liegen alle zehn Finger auf dem Schläger. (Dieser Griff ist auch als »Baseball-Griff« bekannt, obwohl der Baseball-Schläger eigentlich hauptsächlich mit den Handballen, der Golfschläger hingegen mit den Fingern gehalten wird.) Der Zehn-Finger-Griff ist insbesondere Damen und älteren Spielern zu empfehlen, die mit Längenproblemen zu kämpfen haben. Allerdings: Auch Top-Spieler wie Beth Daniel, Art Wall und Bob Rosburg sind wahrlich gut mit diesem Griff gefahren. Die kleine Alice Ritzmann wechselte bei mir zum Zehn-Finger-Griff und schlug damit bald so imponierend lange Bälle, daß sie zu den Longhitterinnen der Damen-Tour zählte.

In seinem berühmten Buch »Fünf Lektionen«, das er gemeinsam mit Herb Wind geschrieben hat, macht sich Ben Hogan dafür stark, daß sich »die Daumenspitze und die Zeigefinger-Kuppe der rechten Hand niemals berühren sollten«. Andere Golf-Experten hingegen vertreten die Meinung, daß der rechte Daumen und der rechte Zeigefinger miteinander verschmelzen sollten. Bobby Jones spielte zwar mit dem Overlapping-Griff, wobei aber die Spitze seines rechten Zeigefingers den Schlägergriff niemals auch nur annähernd berührte, dafür aber sein rechter Zeigefinger-Knöchel fest gegen den Schlägergriff drückte. Aus diesem Grunde entwickelte Victor East von der Firma Spalding ein spezielles Griffband, in das eine Delle für Jones' rechten Zeigefinger eingekerbt war. Eine Spezialanfertigung, die heutzutage sicher nicht zugelassen wäre!
Ich könnte noch seitenlang über den Griff sprechen. Aber es würde zu sehr in die Einzelheiten gehen, um mich für den Leser noch verständlich machen zu können.
Tatsache ist, daß Top-Spieler mit nur einer kleinen Griffveränderung einen Draw, Fade, Slice oder Hook schlagen können, ohne daß der Beobachter irgendeinen Schwungunterschied zu erkennen vermag. Es genügt, daß der Spitzenspieler die für den Schlag erforderliche Veränderung fühlt.
Ich beispielsweise habe lange Finger. Und lange Finger fühlen den Schläger am besten mit dem Overlapping-Griff.
Es ist sehr viel über die Ausrichtung der verschiedenen »V's« geschrieben und gesprochen worden. (Anmerkung der Redaktion: Das »V« ist die v-förmige Kerbe, die beim Schlägergreifen an beiden Händen zwischen dem Daumen und dem Zeigefinger sichtbar wird.) Es gibt aber eine einfachere Methode, um ein Gefühl für den Griff zu bekommen. Heben Sie einen Meterstab auf. So wie Sie den ganz natürlich in die Hand nehmen, so sollte auch Ihr Golfschläger in Ihren Händen liegen. Nehmen Sie also einen Meterstab in die Hände – und schwingen Sie ihn so, als ob er ein Golfschläger wäre. Danach erst greifen Sie – möglichst genauso – zu Ihrem richtigen Golfschläger.

Für welchen der drei Golf-Griffe auch immer Sie sich entscheiden – eines möchte ich auf keinen Fall sehen: Daß der linke Daumen gerade nach unten zeigend auf dem Schlägergriff liegt. Er muß etwas nach rechts versetzt sein. Hierzu hat mir Byron Nelson mal erzählt, daß die Ausrichtung des linken Daumens eine meiner wichtigsten Lehr-Aussagen sei. Warum ich auf den etwas nach rechts versetzten Daumen so viel Wert lege? Dadurch liegt der Daumen auf der höchsten Stelle des Rückschwungs genau auf der Griff-Unterseite. Wodurch Sie viel mehr Gefühl für den Schlag entwickeln können.

Als Trainer der Universität von Texas bin ich natürlich vielen texanischen Golf-Jungen begegnet. Die »West Texas«-Boys, wie man sie rief, waren bekannt für ihre starken Griffe, die sie sich angewöhnt hatten, weil sie oft in starkem Wind spielen mußten. So schlugen sie nicht nur das Eisen 7 enorm weit, sondern auch das Holz 3 oder 4. Probleme hatten sie allerdings mit dem Driver. Denn mit ihren starken Griffen verdrehten sie die Schlagfläche so stark, daß diese total geschlossen auf den Ball traf – und der unkontrollierbar wurde. Erst in Billy Maxwell lernte ich einen Texaner kennen, der seine beiden Hände wunschgemäß auf der Oberseite des Griffes plazierte, so daß ich seine Handstellung guten Gewissens als »sehr gut« bezeichnen durfte.

Es ist wirklich ganz egal, für welche der drei Griffarten Sie sich entscheiden. Wichtig ist nur, daß sich beide Hände berühren. Daß sie eine Einheit bilden und sich für den Spieler so anfühlen, als ob sie miteinander verschmolzen wären.

Probieren Sie die drei Griffarten aus – und finden Sie heraus, welcher Ihnen das beste Gefühl vermittelt. Diesem Griff bleiben Sie dann konsequent treu. Wenn Ihre Bälle einigermaßen zufriedenstellend fliegen, ist mit Ihrem Griff soweit alles in Ordnung.

Wenn Sie hingegen von Griffart zu Griffart wechseln, kann es leicht passieren, daß sich ein Fehler in Ihren Rückschwung einschleicht, der die immer wieder aufs Neue ungewohnte Handstellung – unbewußt – ausgleichen soll. Die nächste Stu-

fe wird dann sein, daß sich auch Ihr Abschwung negativ verändert, weil ja der Fehler im Rückschwung irgendwie kompensiert sein möchte.
Was nun den Griffdruck anbelangt – halten Sie den Schläger leicht, ja geradezu vorsichtig. Zwar plädiert Arnold Palmer für einen möglichst festen Griff, aber Sie sind ja schließlich nicht Arnold Palmer.

Das Wackeln mit den Handgelenken

Das bei vielen Spielern zu beobachtende Wackeln der Handgelenke beim Ansprechen des Balles hat meiner Meinung nach nur den unterschwelligen Sinn, den Körper auf das gleich Kommende aufmerksam zu machen. Der für einen Schwung benötigte Adrenalin-Ausstoß wird eingeläutet – und allen Muskelpartien »gesagt«, sich auf die gleich beginnende Schwungbewegung vorzubereiten.
Dieses Wackeln der Handgelenke ist auch ein kleiner Probeschwung – und ein durchaus legitimer Weg zum Abbau der inneren Anspannung. Sofern der Spieler vor lauter Konzentration auf diese Lockerungsübung nicht deren eigentlichen Sinn und Zweck vergißt!
Ein Spieler in meinem Club wackelte 21 Male mit dem Schläger, ehe er endlich seinen Schlag ausführte. Eine harte Geduldsprobe für seine Mitspieler, die sich zumeist genervt abwandten.
Schon Ben Hogan riet, das Wackeln der Handgelenke auf keinen Fall zu übertreiben. Es soll lediglich dazu dienen, das Gefühl für den bevorstehenden Schlag zu festigen. Bobby Jones war gar der Meinung, daß jeder seiner Schläge, dem mehr als zwei Handgelenk-Wackelbewegungen vorausgegangen waren, höchstwahrscheinlich schlecht ausgefallen ist.
Ich für meine Person mag das übertriebene Hin- und Herwackeln der Handgelenke auch nicht gerne. Es sieht in meinen Augen schlicht zu amateurhaft aus. Der große Horton Smith beispielsweise hat überhaupt nie vor einem Schlag mit den Händen einen Wackler gemacht.

Die Schlägerhaltung

Den Schläger richtig und effizient zu halten, ist eine Kunst, die weit über die reine Greif-Technik hinausgeht. Ich erinnere mich an ein Seminar, das ich in New York abhielt. Wie immer stand ich mit einem Schläger in der Hand vor den Kursteilnehmern. Dies nicht, weil ich mich für Bob Hope hielt, sondern weil es mir mit einem Schläger in der Hand seit jeher weniger Überwindung gekostet hat, vor eine größere Menschenmenge zu treten.

Plötzlich hörte ich einen der anwesenden Pros sagen: »Schaut Euch nur den Harvey an. Er hält den Schläger wie ein zerbrechliches Musikinstrument«. Und eben genauso fühlt sich ein Golfschläger für mich auch an!

Ein anderes Mal hielten Jackson Bradley, Jimmy Demaret, Jack Burke jun. und ich ein Seminar in Houston ab. Dabei wies ich darauf hin, wie gefühlvoll Jackie Burke den Schläger faßte. Seine Handhaltung sah wirklich absolut natürlich aus. »Dem kann ich nur beipflichten«, sagte daraufhin Jackson Bradley, »Jackies Griff wirkt wirklich perfekt. Aber seine Hände sind auch wie geschaffen für einen schönen Griff.« Er zeigte uns seine Hand und meinte weiter: »Ich habe nun einmal etwas krumme Finger. Mein Griff könnte daher ebenso gut sein wie Jackies, er würde dennoch niemals so perfekt wirken«.

Schauen Sie sich doch einmal den Schläger in Ben Crenshaws Händen an. Seine Hände und Finger schmiegen sich so anmutig und natürlich um den Schlägergriff, daß ich geneigt bin, es als Kunstwerk zu bezeichnen. Das gleiche kann von Mickey Wright und Dave Marr gesagt werden, um hier nur zwei weitere Top-Spieler zu nennen.

Auch Tommy Kite und Jack Nicklaus haben gute Griffe. Aber ihre werden niemals so kunstvoll wirken, weil sie sich aufgrund ihrer kurzen Finger für den Interlocking-Griff entschieden haben. Und der wirkt optisch nun mal nicht allzu ansprechend.

Meine bequemste Unterrichtsstunde

Die einfachste Golf-Stunde meines Lebens gab ich Don January.

Don war damals nicht nur einer der Stars der North Texas State University, sondern auch schon ein siegverwöhnter Teilnehmer des texanischen Amateur-Circuits, einer Art Tour für Amateure. Die übrigens so viele Spitzengolfer hervorgebracht hat, daß allein die Auflistung deren Namen ein ganzes Buch füllen würde.

Don spielte damals mit dem Gedanken, ins Profi-Lager überzuwechseln. Aus diesem Anlaß bat er mich, mir seinen Schwung genau anzusehen und eventuclle Unregelmäßigkeiten zu korrigieren.

Ich beobachtete Don ein paar Putts lang. Dann gingen wir zur Driving-Range, wo er ein halbes Dutzend kurzer Eisenschläge machte. Dann ließ ich ihn genauso viele mittlere Eisen schlagen, ehe einige lange Eisenschläge an der Reihe waren. Mir war klar, daß er auf mein Urteil wartete. Aber zunächst ließ ich ihn noch einige Drives schlagen. Als er das getan hatte, schaute er mich gespannt an und fragte: »Nun, was soll ich tun?«. »Don, pack' Deine Schläger ein, fahr' nach Kalifornien und schließ' Dich der Tour an«, war meine Antwort.

Damit war diese Unterrichtsstunde beendet.

Aus der Hand lesen

Immer wieder zeigen mir Golfer erwartungsvoll die Hornhaut, die sich an den Innenflächen ihrer Hände gebildet hat. Als ob die Hornhaut auch nur irgendetwas über einen richtigen oder falschen Griff aussagen könnte.

Ich erinnere mich an jemanden, der Sam Snead bat, ihm seine Hornhaut zu zeigen. Eine Bitte, der nicht entsprochen werden konnte, weil Sam überhaupt keine Hornhaut hatte. Die Erklärung lieferte Sam gleich mit. Er hielt, so erfuhr der Fragende, seinen Schläger stets, als ob der ein lebendiger Vogel in seinen Händen wäre. Mit gerade soviel Druck, daß der Vogel nicht entfliehen, aber niemals so fest, daß der Vogel erdrückt werden könnte. »Wenn Du den Schläger so hältst« versprach Sam, »wirst auch Du niemals Hornhaut-Stellen in den Händen bekommen.«

Halten Sie den Schläger fest, aber niemals verkrampft. Achten Sie darauf, daß Ihre Ellbogen und Schultern leicht entspannt sind. Dies ist übrigens besonders beachtenswert für Damen. Denn so können Sie im Treffmoment die Handgelenke viel wirkungsvoller einsetzen.

Die Bildung der Hornhaut liegt an der Art, wie der Spieler seine Hände an den Schläger legt und sie dann zusammendreht, um optisch den Anschein eines guten Griffs zu erwecken. Der de facto aber ein schlechter Griff ist.

Es gilt, die Hände korrekt auf den Schlägergriff zu legen und sie dann alleine wirken zu lassen. Wenn dies auf die richtige Art und Weise geschieht, sind all die unnatürlichen Hand-Verdrehungen überflüssig, die nur darauf zielen, die »V's« in die vom Lehrbuch empfohlene Richtung zeigen zu lassen.

Wenn Sie die Position Ihrer Hände nach dem Ergreifen des Golfschlägers noch verändern, erreichen Sie zwei Dinge: Sie verstecken Ihren schlechten Griff und Sie bekommen Hornhaut-Stellen an den Händen.

Der Jugend eine Chance

Der beste Zeitpunkt für ein Kind, mit dem Golf anzufangen, ist gekommen, wenn das Kind sich für das Spiel zu interessieren beginnt.
Ich halte überhaupt nichts davon, ein Kind schon zum Golfspielen zu zwingen, während es noch viel lieber etwas anderes täte. Andererseits, wenn ein Kind schon im zarten Alter von vier oder fünf Jahren darauf brennt, die Eltern auf den Golfplatz zu begleiten, ist es keineswegs zu früh, es selbst zum Schläger greifen zu lassen.
Machen Sie aber nicht den Fehler, zu penibel auf die Technik des Griffs und des Schwungs zu achten. Achten Sie einzig auf den Griff Ihres Kindes – und daß die Hände fest miteinander verbunden sind. Was alle anderen Schwung-Elemente betrifft: Lassen Sie das Kind so schwingen, wie es es aus seinem natürlichen Spiel-Instinkt heraus tut.
Anfangs sollte Ihr Kind allerdings nur mit hohen Eisen spielen. Kinder wollen den Ball möglichst hoch fliegen sehen. Ein Vorhaben, das bei Schlägern mit geringem Loft, also geringem Schlagflächen-Neigungswinkel, weitaus schwieriger zu realisieren ist. Je mehr ein Kind aber am Fliegen des Balles »arbeiten« muß, desto weniger werden seine Bemühungen von Erfolg gekrönt sein – und desto eher wird es sich seinen natürlichen Schwung verderben.
Achten Sie ebenfalls darauf, daß der Schläger nicht zu schwer für Ihr Kind ist. Ein Kind verdirbt sich rasch den Griff, wenn es mit einem zu schweren Schläger schwingt. Mein Cousin, Dr. D. A. Penick, der an der Universität von Texas nicht nur als Professor für Griechisch, sondern fünfzig Jahre lang auch als Tennistrainer tätig war, entmutigte übrigens genau aus diesem Grunde stets alle Kleinen, zu früh in die Welt des Tennissports hineinzuschnuppern.
Wenn Sie mit Ihrem Nachwuchs zu einer Golf-Trainerstunde gehen, erklären Sie ihm, daß ihm »Hilfe« zuteil wird – und vermeiden Sie auf jeden Fall das Wort Unterricht. Das näm-

lich assoziieren die Kleinen nur zu schnell mit der Schule, was nur bei den wenigsten positive Gefühle aufkommen läßt. Weil Golf aber ausschließlich Freude bereiten soll, vermeide auch ich im Beisein von Kindern tunlichst die Begriffe »lernen« oder »unterrichten«.

Es spricht zwar absolut nichts gegen einen Gruppen-Unterricht für Kinder – sofern das »Lehren« dort nicht übertrieben, das Technik-Verständnis nicht überbewertet und die natürliche Fähigkeit Ihres Kindes nicht negativ beeinflußt wird. Überlassen Sie Ihr Kind daher nicht einem Lehrer, der selbst ein schlechter Spieler ist und den Schwerpunkt seines Unterrichts darauf setzt, was er gerade in einem »Wie spiele ich den Ball«-Buch gelesen – und möglicherweise gar noch falsch verstanden hat.

Wenn Sie sehen, daß ein Lehrer eine ganze Gruppe Kinder dazu bringen will, den Stand und Schwung eines Ben Hogan zu imitieren, dann nehmen Sie Ihr Kind sofort aus dieser Unterrichts-Gruppe. Wie Ben Hogan schwingt, ist sicherlich richtig. Aber eben spezifisch richtig für Ben Hogan. Ihr Kind hingegen ist spezifisch für sich selbst.

Ein Golflehrer sollte sich den Schwung Ihres Kindes übrigens nur einmal im Monat ansehen, um sicher zu gehen, daß sich keine gravierenden Griff- und Schwungfehler einschleichen. Für zusätzliche Unterrichtsstunden gilt uneingeschränkt: »Zuviel des Guten ist ungesund«.

Wieviel Zeit das Kind dem Üben widmet, sollte seine individuelle Entscheidung sein. Ben Crenshaw beispielsweise zog seit jeher das Spiel auf dem Platz deutlich dem auf der Driving-Range vor. Ganz im Gegensatz zu Tom Kite, der mindestens soviel Zeit auf der Driving-Range wie auf dem Platz verbrachte. Hogan übte mit leidenschaftlicher Hingabe. Byron Nelson spielte ebenso gerne, wie er übte. Was immer also Ihr Kind lieber tut, spielen oder üben – geben Sie ihm freie Hand.

Das Schlimmste aber sind in meinen Augen Väter, die ihr Kind auf der Driving-Range oder auf dem Platz permanent mit »Kopf stillhalten«, »Ball anschauen« oder »linken Arm

strecken« konfrontieren. Unabhängig der vielleicht technischen Richtigkeit dieses Unterrichts – dem Kind wird die Freude am Golf dabei rasch vergehen.
Wenn Sie die Möglichkeit haben, Ihr Kind möglichst oft Golfspielen zu lassen und Sie ihm zudem ab und an eine Trainerstunde zukommen lassen können, dann wird Ihr Kind Sie sowieso schneller schlagen, als Ihnen das wahrscheinlich lieb ist.

Loch' sie alle

Ein stolzes Elternpaar erzählte mir einst, daß der Sohnemann sein erstes Birdie gespielt hätte. Ich stimmte natürlich zu, daß dies eine gute Nachricht sei, und erkundigte mich nach der Länge des Birdie-Putts, den der Junior gelocht hatte.
Darauf erfuhr ich von den Eltern, daß der Sechzig-Zentimeter-Putt von ihnen geschenkt worden war, weil sie das Erfolgserlebnis des ersten Birdies auf keinen Fall gefährden wollten. Leider mußte ich sie nun aufklären, daß das Birdie unter diesen Umständen keine Anerkennung erfahren dürfe.
Es ging mir dabei weniger darum, daß der Putt nicht versenkt worden war. Als viel schwerwiegender erachtete ich, daß der Sohn fortan mit der Überzeugung leben würde, alle Sechzig-Zentimeter-Putts als »geschenkt« betrachten zu können. Und daß ihm die golfsportliche Wahrheit eines Tages traurige Erkenntnisse bescheren würde.
Denn früher oder später wird der Junior ein Spielniveau erreichen, in dem keine Putts mehr geschenkt werden. Und dann wird er mental und technisch nicht in der Lage sein, diese »geschenkten« Putts zu lochen. Ein spielerisches Defizit, das ihn im schlimmsten Falle bis ans Ende seines Golferlebens begleiten kann.
Mein Standpunkt ist daher gegenüber allen jungen Spielern, daß jeder Putt gespielt – und natürlich möglichst gelocht – werden muß. Wie kurz der Putt auch immer sein mag.
Wenn ein jugendlicher Golfer in dem Bewußtsein aufwächst,

jeden Putt lochen zu müssen, dann wird das kurze Spiel automatisch Bestandteil seines Gesamtspieles – und seines Übungsprogramms. Dadurch wird er später, auf weitaus höherem Level spielend, mental und technisch auch für das Senken sechzig Zentimeter langer Siegesputts gewappnet sein.

Rund ums Loch

Golf sollte vom Loch weg in Richtung Abschlag erlernt werden.

Ich spreche hier und in der Folge dieses Kapitels zwar immer von Kindern, für die dies der beste Einstieg ist. Der aber auch für erwachsene Anfänger uneingeschränkte Gültigkeit hätte, wenn, ja wenn mehr Erwachsene dieser Lernmethode überzeugter gegenüberstehen würden. Ein erwachsener Anfänger, insbesondere, wenn es sich um einen erwachsenen männlichen Anfänger handelt, wird aber schon relativ unbefriedigt von seiner ersten Unterrichtsstunde kommen, wenn ich ihn eine Stunde lang nur kurze Putts versenken lasse. Er möchte seinen Driver zücken, um dann möglichst kraftvoll auf den Ball zu schlagen. Und dabei wäre genau das der letzte Schlag, den ich ihm beibringe, wenn er bei mir mit dem Golfspiel beginnt.

Wenn ein Anfänger nämlich mit dem Erlernen der langen Schläge beginnt und das kurze Spiel erst einmal zurückstellt, dann wird er einer jener Golfer werden, die nur sehr selten siegreich vom Platz zurückkehren.

Aus diesem Grunde habe ich alle Anfänger ihre erste Golfstunden rund ums Putting-Grün verbringen lassen, ausgestattet nur mit der Pitching-Wedge, dem Putter und einem einzigen Golfball. Schließlich ist ein Chip auch ein Golfschlag. Ein Golfschlag, der nach der (zugegebenermaßen sehr) kurzen Version eines vollen Schwungs verlangt.

Ein Kind wird, sofern es die Erwachsenen zulassen, den Chip spielerisch erlernen und gleichzeitig intuitiv das Gefühl für Ball und Bewegungsablauf entwickeln.

Der beste Schlag in der Welt ist wenig wert, wenn er ohne Ball- und Schlaggefühl ausgeführt wird. So individuell oder unorthodox der Schlag zu Beginn auch (noch) aussehen mag, er wird den Ball in die Nähe des Ziels bringen, solange das Kind ihn mit Selbstvertrauen und Ballgefühl schlägt. Und damit ist das der beste Schlag, den man sich für sein Kind nur wünschen kann.

Spieler mit einem guten, gefühlvollen kurzen Spiel werden mir immer lieber sein als Spieler mit wunderbar langen Schlägen ohne Sinn für Länge und Richtung ihrer Bälle.

Es ist sicherlich auch kein Zufall, daß viele der heute besten Putter und »Rund-ums-Grün«-Spieler diese spielerischen Fähigkeiten schon im Kindesalter entwickelt haben.

Ich lasse ein Kind auch immer nur mit einem einzigen Ball rund ums Grün üben. Es muß den Ball ans Loch schlagen und dann gleich mit dem Putter zum weiteren Spiel-Werke gehen. Auf diese Art und Weise lernen die Kinder von frühester Golfjugend an zu scoren.

Nicht nur, daß es für ein Kind sehr langweilig ist, zehn oder gar mehr Bälle von der gleichen Stelle auf das gleiche Loch zu chippen. Außerdem läßt die »Mehr-Ball«-Lehrmethode wenig Platz für Konzentration und umso mehr Raum für Fehler. Über einen schlechten Schlag muß nicht lange nachgedacht werden – das Kind legt sich einfach den nächsten Ball zurecht. Der eigentliche Sinn des Golfspiels, für einen schlechten Schlag bestraft zu werden, sofern man ihn nicht durch einen guten Schlag/Putt wieder wettmacht, bleibt total unbeachtet, solange mehrere Bälle im Trainingsspiel sind.

Am besten ist es, wenn das Kind gemeinsam mit Gleichaltrigen um das Übungs-Grün herum spielt. Nichts dagegen einzuwenden ist, wenn im fröhlichen Wettstreit um einen kleinen Einsatz gechippt und geputtet wird. Egal, ob um ein Streichholz, ein Getränk oder den imaginären US Open-Sieg. Hauptsache, das Kind hat einen Anreiz, den Ball mit weniger Schlägen als die anderen im Loch zu versenken. Dabei wird sich schnell zeigen, daß der Ehrgeiz nicht bei allen Kindern gleich ausgeprägt ist. Die einen sind von Natur aus Wettkampf-Typen, andere werden es erst mit der Zeit. Und wieder andere werden schon dem Ausgang dieser Putt-Matche immer gleichgültig gegenüberstehen. Diese Kinder werden aller Voraussicht nach dem Golfsport nicht lange erhalten bleiben.

Ich erinnere mich noch an die Zeit, als Ben Crenshaw sechs Jahre alt war. Schon zwei Jahre bevor er die erste Stunde bei mir bekam, sah man ihn oft stundenlang am Putting-Grün. Zumeist »kämpfte« er dort gegen seinen Vater Charlie und den bekannten Tennisspieler Wilmer Allison, der später meinem Cousin auf dem Posten des Tennistrainers der Universität von Texas folgen sollte. Damals entwickelte Ben jenes Ballgefühl, das ihn später zu einem der besten Putter der Golf-Geschichte machen sollte. Es dauerte übrigens gar nicht lange, ehe er die damaligen 50-Pfennig-Matche regelmäßig zu seinen Gunsten entschied.

Natürlich gibt es auch Beispiele für Spieler, die das Golfspiel vom Abschlag in Richtung Loch gelernt haben.

Arnold Palmer beispielsweise wurde schon in jüngsten Jahren von seinem Vater beigebracht, den Ball sehr kraftvoll zu schlagen. Auf seinem Heimatplatz gab es ein Loch, an dem der Abschlag über ein langgezogenes Wasserhindernis führte. Dort wettete der junge Arnold oft um ein paar Pfennige gegen die Erwachsenen, daß er den Fairway erreichen würde. Wetten, die er zumeist gewann. Später erst wurde dieser Ausnahmeathlet auch noch ein hervorragender Putter.

So ist halt das Golfspiel. Mit Ausnahme des Regelbuches gibt es keine allein gültigen Regeln, nach denen das Spiel erlernt beziehungsweise ausgeübt werden sollte.

Ich bin dennoch davon überzeugt: Wenn sich ein Kind zunächst mit dem Spiel um das Grün beschäftigt, wird sich der anvisierte Erfolg schneller einstellen – und länger anhalten.

Brauchen Sie Hilfe?

Wenn Sie einen Tag lang schlecht spielen, vergessen Sie's am besten ganz schnell wieder.
Wenn Sie das nächstemal wieder schlecht spielen, dann sollten Sie die Grundzüge Ihres Schwungs, wie Griff, Stand, Ziel- und Ballausrichtung, kritisch überprüfen. Schließlich werden die meisten Fehler gemacht, bevor der Schläger sich nur einen Millimeter bewegt hat.
Wenn Sie das dritte Mal hintereinander schlecht gespielt haben, dann reden Sie mit Ihrem Pro!

Der rechte Ellbogen

Wenn ich sage, Sie sollen Ihren rechten Arm nahe am Körper lassen, dann meine ich damit »im Abschwung«. Und nicht etwa »im Rückschwung«.
Immer wieder kommen Spieler mit den komischsten Übungs-Ideen zu mir, die ihnen zuvor von dritter Seite beigebracht wurden. So versuchen sie beispielsweise, mit einem unter die rechte Achselhöhle geklemmten Handtuch zu schwingen. Wodurch der rechte Ellbogen praktisch fest an ihren Körper gebunden ist. Das Ergebnis ist ein zu kurzer und zu flacher Schwung.
Lassen Sie Ihrem rechten Ellbogen im Rückschwung freien Lauf! Aber halten Sie ihn im Abschwung möglichst nah am Körper.
Schüler erzählen mir zwar, das Handtuch unter der rechten Achselhöhle sei eine alte Lehrmethode. Die alten Schotten haben davon aber anscheinend nichts gewußt, wie beispielsweise Schwungbilder von Harry Vardon beweisen.
Natürlich gibt es auch hier wieder Gegen-Beispiele. Jack Munger, ein guter texanischer Amateur, preßte seinen rechten Ellbogen im Rück- und im Abschwung fest an den Körper – und gewann trotzdem eine Menge von Trophäen. Aber daß dies für Jack die richtige Schwung-Methode war, bedeutet noch lange nicht, daß es auch für Sie die beste ist.

Denk' nur ans Ziel

Als meine Schülerin Betsy Rawls ins Stechen um die internationalen offenen amerikanischen Damen-Meisterschaften (US Women's Open) kam, schickte ich ihr folgendes Telegramm: »Denk' nur ans Ziel!«

Betsy gewann das Stechen.

Lassen Sie mich diesen Ratschlag anders formulieren: Ab dem Moment, wo Sie den Ball ansprechen, muß dieser Schlag für Sie das Wichtigste auf der Welt sein. Richten Sie all Ihre Gedanken einzig auf das Ziel dieses einen Schlages aus. (Anmerkung des Übersetzers: Mit »Ziel« meint Harvey Penick in diesem Kapitel immer die Stelle, an der der Ball zur Ruhe kommen soll und nicht etwa das Gesamt-Ziel, wie »das Match zu gewinnen« oder »neuen Platzrekord« zu spielen.)

»Nur ans Ziel zu denken« ist eine einfache Methode, aufkommende Nervosität zu unterdrücken. Jeder Golfer ist am ersten Abschlag nervös. Eine Betsy Rawls, für die es um die amerikanische Meisterschaft geht, ebenso wie ein Spieler mit hohem Handicap, dessen allwöchentliches »Zwickel«-Match bevorsteht.

Statt sich vor einer drei- beziehungsweise 40.000köpfigen Zuschauermenge darum zu kümmern, wie Ihr Schwung aussehen mag, konzentrieren Sie sich lediglich auf die Stelle, wo Sie Ihren Ball hinschlagen möchten. Und freuen Sie sich, wenn's gelingt.

Auch den Spielern meines College-Teams predigte ich vor jedem Match stets dasselbe: »Denkt nur ans Ziel«.

Dieser Gedanke sollte Sie während der gesamten Runde begleiten, nicht nur am ersten Abschlag. Suchen Sie sich bei jedem Schlag ein Ziel auf der Spielbahn oder auf dem Grün und verbannen Sie jegliche negative Vorstellung aus Ihren Gedanken. Und schwingen Sie dann!

Ein Spieler mit hohem Handicap wird überrascht sein, wie oft allein sein Wille es seinen Muskeln ermöglicht, den Ball zum Ziel zu schlagen. Unabhängig davon, ob der Spieler über einen perfekten oder weniger perfekten Schwung verfügt.

Den erfahrenen Spieler wird dies nicht überraschen. Denn er erwartet bei jedem Schlag, das anvisierte Ziel zu erreichen. Er kann nur noch von Gedanken überrascht werden, die ihn vom Schlag und dessen Ziel ablenken.
Ich kann mich nicht oft genug wiederholen, denn es ist der wichtigste Ratschlag dieses ganzen Buches:
»Denken Sie nur an das Ziel.«
Bei jedem Schlag. Bei jeder Gelegenheit. Ganz bewußt. (Und nicht nur dann, wenn Sie vor dem Schlag zufällig daran denken, woran Sie jetzt denken sollen!)
»Denken Sie nur an das Ziel.«

Vorsicht!

Einer meiner Spieler im Universitäts-Team von Texas nahm an einem Lochwettspiel-Turnier in North Carolina teil. Er überwand die erste Runde mit Leichtigkeit. Abends teilte er mir telefonisch die frohe Kunde mit, daß ihn auch sein nächster Gegner vor keine Probleme stellen würde. Der nämlich hätte »einen schlechten Griff und einen schlechten Schwung«. Am nächsten Tag verlor mein Spieler dieses Match.
Was er daraus zu lernen hätte, erklärte ich ihm einige Zeit später: »Zeige Dich nicht beeindruckt von einem Gegner mit gutem Griff und schlechtem Schwung. Auch vor einem Gegner mit schlechtem Griff und gutem Schwung mußt Du nicht allzu viel Respekt haben. Aufzupassen gilt es aber auf einen Gegner mit schlechtem Griff und schlechtem Schwung. Denn wenn er es trotzdem bis zu diesem hohen Spielniveau gebracht hat, dann hat er gelernt, mit seinen Fehlern zu leben – und zu scoren.«

Wie Sie Ihren Score um fünf Schläge verbessern

Der Durchschnittsgolfer verbessert sein Spiel nicht Schlag um Schlag. Er verbessert sich in größeren, deutlichen Schritten. Von 95 Schlägen übt sich ein Spieler nicht langsam über 94, 93, 92 und 91 auf 90 Schläge herab. Ebenso wenig, wie man sich von 87 Schlägen langsam über 86 und 85 auf 84 herunterspielt. Regelmäßiges Training vorausgesetzt, braucht der Golfer, für den gestern noch 95 Schläge den normalen Golf-Alltag darstellten, plötzlich regelmäßig nur noch neunzig Schläge. Und der, der bislang 87 Schläge benötigte, spielt sich sozusagen über Nacht auf 81 herab.

Ebenso rasch kommt auch noch der Sprung von 80 auf 75 Schläge. Sind die 75 Schläge dann aber erreicht, so ist der Golfer kein Durchschnittsgolfer mehr. Nun nähert er sich der Klasse der Spitzengolfer – und entsprechend langsam werden sich weitere Scoreverbesserungen einstellen.

Ausnahmen natürlich ausgenommen. Denn auch jemand, der bislang als 75-Schläge-Spieler bekannt war, kann nach einer intensiven Trainingswoche noch einmal einen relativ deutlichen Sprung um drei Schläge nach unten machen.

Es kann an verschiedenen Gründe liegen, warum aus 95 Schlägen plötzlich 90 werden. Hat der Spieler vielleicht seinen Slice kuriert? Und aus der 87 kann eine 81 werden, weil der Spieler gelernt hat, den Drive 15 Meter weiter zu schlagen. Wodurch er nun mehr Grüns in der richtigen, von der Scorekarte vorgegebenen Schlagzahl erreichen kann.

Allgemein gilt allerdings, daß aus regelmäßigen 75er- nur 72er-Runden werden können, wenn das kurze Spiel verbessert wird. (Es sei denn, der Spieler hatte von Hause aus ein gutes kurzes Spiel, dank dessen er überhaupt erst auf seine regelmäßig 75 Schläge kam!)

Das kurze Spiel. Dies sind die magischen drei Worte. Je höher Ihr normaler Score ist, desto schneller können Sie sich durch eine Verbesserung Ihres kurzen Spiels herunterspielen.

Es ist nun wahrlich kein Geheimnis. Jeder Golfer dürfte wissen, daß er etwa die Hälfte seiner Schläge aus einer Entfernung von höchstens fünfzig Metern zur Fahne spielt. Doch wo sehe ich den Durchschnittsgolfer üben? Auf der Driving-Range, wo er sich emsig darum bemüht, mit seinem Driver auf den Ball zu donnern.

Die Antwort der Durchschnittsgolfer auf die Frage nach dem Anteil der Zeit, die sie für das kurze Spiel aufwenden, ist meistens dieselbe: »10 bis 20 Prozent« wird da veranschlagt. Und selbst dabei wird zumeist noch, bewußt oder unbewußt, geschwindelt. Denn der Durchschnittsgolfer verbringt höchstens mal 15 Minuten auf dem Putting-Grün. Und die auch nur, wenn er vor dem ersten Abschlag die Zeit dafür findet. Das dürfte dann auch schon alles an Zeit sein, die ein Durchschnittsgolfer in die Verbesserung seines kurzen Spiels investiert.

Wenn Sie also eine deutliche Verbesserung um rund fünf Schläge in zwei Wochen anstreben, dann gilt es, Ihr Trainingsprogramm radikal zu ändern.

Angenommen, Sie verbringen während der nächsten zwei Wochen neunzig Prozent Ihrer Übungszeit auf und um das Putting- und Pitching-Grün. Dann garantiere ich Ihnen, daß sich Ihr Durchschnittsscore von 95 auf 90 Schläge reduziert.

Ich kann den Durchschnittsgolfer jetzt richtig vor meinem geistigen Auge sehen. Wie er mit dem Kopf nickt, mich treuherzig anblickt und beteuert, daß er schon wüßte, was zu tun ist. Aber eben das sehe ich ihn dann nicht tun.

Stattdessen wird er wieder auf der Driving-Range stehen. Er wird sich wieder die Kehle aus dem Hals schwingen, vierzig bis fünfzig Bälle lang. Und er wird sich an den vier oder fünf Bällen ergötzen, die gut getroffen sein werden.

Ich habe niemals einen Spieler meines Universität-Teams oder einen Pro vierzig lange Bälle hintereinander schlagen lassen. Dies würde nur zu Ermüdungserscheinungen führen, die wiederum Schwungfehler nach sich ziehen können.

Gute Golfer und Profi-Spieler haben die immense Bedeutung des kurzen Spiels erkannt. Tom Kite beispielsweise widmet sich viele Stunden seinem Schwung. Aber noch mehr Stunden verbringt er mit dem Training des Pitchens, Chippens und Puttens. Er weiß, daß nur ein gutes kurzes Spiel gute Ergebnisse nach sich zieht. Und ohne ein gutes kurzes Spiel wäre er nicht der preisgeld-reichste Spieler der Golfgeschichte geworden.

Also. Wenn Sie sich um fünf Schläge verbessern möchten, dann lassen Sie Ihre langen Eisen und Hölzer im Bag. Und gehen Sie schnurstracks aufs Übungsgrün.

Bobby Jones sagte einst, das Geheimnis niedrigerer Scores sei die Fähigkeit, statt drei Schlägen nur noch zwei zu machen.

Das erinnert mich an ein Universitäts-Match, dem ich im alten Austin Country Club beiwohnte. Einer meiner Spieler, Billy Munn, war dabei gegen R.H. Sikes aus Arkansas aufgestellt.

Billy traf jede Spielbahn sowie 17 Grüns – und spielte eine 67. Sikes hingegen traf nur wenige Spielbahnen und schätzungsweise fünf Grüns, spielte aber eine 66 und schlug Billy mit »1 auf«.

Nach dem Spiel sagte ich zu Billy, daß ich sehr stolz auf ihn sei, weil er ein hervorragendes Golf gespielt hätte. Gleichzeitig betonte ich aber, daß das, was ihm heute widerfahren war, absolut nichts mit »Glück« oder »Pech« zu tun gehabt hätte. Sikes hatte ein hervorragendes kurzes Spiel – was er in der Folge auch auf der U.S.-Tour unter Beweis stellen sollte.

Auch wenn Ihr kurzes Spiel niemals mit dem von Sikes konkurrieren könnte, so verbessern Sie durch konsequentes Chip- und Putt-Training Ihre Scores doch erheblich. Es liegt wirklich nur an Ihnen!

Um es mit den Worten von Emerson zu sagen: »Denken ist die anstrengenste Arbeit der Welt. Deswegen tun es so wenige«. Zuviele Golfer denken, Chippen und Putten sei harte Arbeit. Deswegen arbeiten wohl so wenige daran.

Rück-Versicherung

Meine Schülerin Sandra Palmer, eine erfolgreiche Spielerin der amerikanischen Damen-Tour, rief mich eines Abends von der US Women's Open aus an. Die Grüns machten ihr offensichtlich Sorgen. Denn sie meinte, es wären die schnellsten, auf denen sie jemals gespielt hätte. Sie fragte sich daher an diesem Vorabend der ersten Meisterschaftsrunde, ob sie in letzter Minute ihren Putt-Stil ändern oder -Schläger wechseln solle.

Ich wußte natürlich, daß Sandra eigentlich über alle Putt-Zweifel erhaben war. Und so wußte ich auch, daß sie keine technischen Tips, sondern einzig und allein eine Bestätigung von mir erwartete.

»Gut, Sandra«, sagte ich daher, »wenn die Grüns so schnell sind, dann solltest Du vielleicht den Ball etwas leichter schlagen.« Das war alles, was sie von mir hören wollte.

Immer wieder werde ich von Schülern gefragt, ob sie bei schnellen Grüns auf einen schwereren Putter umsteigen sollen. Es stimmt wahrscheinlich auch, daß in den Bags der Mitglieder von Oakmont, die es tagtäglich mit sehr schnellen Grüns zu tun bekommen, hauptsächlich große, schwere Putter sind. Von einem Putter-Wechsel rate ich aber ab, wenn Sie plötzlich auf schnelleren als üblicherweise gewohnten Grüns spielen. Es ist viel einfacher, mit dem bekannten Schläger ein Gefühl für Grüns und Länge zu bekommen, als mit einem, an den Sie sich zu allem Überfluß auch noch erst gewöhnen müssen.

Der Probeschwung

Wie oft haben Sie das schon gesehen? Ein Golfer macht zwei oder gar drei wunderschöne Probeschwünge, denen dann ein ganz anderer Schwung und ein entsprechend mißglückter Schlag folgt. Dies passiert immer wieder.

Als Caddie, Pro, Golflehrer und Turnierstarter habe ich in den vergangenen 75 Jahren möglicherweise mehr Golfschwünge gesehen, als irgendjemand anderer. Und auch die Metamorphose des guten Probeschwungs zum mißratenen Schlag dürfte ich Millionen Male gesehen haben.

Nach dem verunglückten Schlag bekam ich stets das gleiche zu hören. »Wenn ich den Ball doch nur mit meinem Probeschwung schlagen könnte. Dann wäre ich ein hervorragender Golfer«, so die felsenfeste Überzeugung aller Durchschnittsgolfer.

Der Grund, warum er den Ball selten mit der Bewegung des Probeschwungs schlägt, ist schnell erklärt. Beim Probeschwung kommt es nicht darauf an, die Schlagfläche im Treffmoment »square« auszurichten. Dem freien und lockeren Schwung steht im wahrsten Sinne des Wortes nichts im Wege. Beim Schlagen des Balles aber muß die Schlagfläche auf die Ziellinie ausgerichtet sein. Aus diesem (bewußten oder unterbewußten) Wissen entsteht für den Golfer Spannung. Eine Spannung, die alle möglichen Fehler und Verkrampfungen verursacht.

Lassen Sie mich eine weitere Frage stellen: Wie oft schon haben Sie einen Spieler gesehen, bei dessen Probeschwüngen nicht auch nur der Hauch eines Grashalmes berührt wurde?

Diese Art von Probeschwüngen hilft, zu entspannen. Sie erweisen sich aber als wenig effizient, wenn es danach gilt, den Ball zu schlagen. Daher sollten Sie sich von nun an für jeden Probeschwung vornehmen, irgendetwas zu treffen. Das kann ein Löwenzahn oder ein Grashalm sein. Oder, wenn Sie in einem Zimmer Trockenübungen machen, ein bestimmter Punkt auf dem Teppich, der im Treffmoment berührt werden muß. (Schlagen Sie dann aber bitte kein Divot – und erzählen Sie im Fall des Falles ja nicht Ihrer Frau, Harvey hätte Ihnen dies befohlen!)

Wenn Sie schon beim Probeschwung auf etwas zielen, dann werden Sie lernen, die Schlagfläche im Treffmoment square zu halten. Machen Sie also niemals einen Probeschwung, ohne etwas treffen zu wollen!

Und noch etwas. Ein oder zwei Probeschwünge vor jedem Schlag nimmt auf dem Platz zuviel Zeit in Anspruch. In Zeiten, in denen Golfrunden sowieso schon vier bis fünf Stunden dauern, gilt es, das Spiel wieder zu beschleunigen, anstatt es noch weiter zu verlangsamen.

Auf vielen schottischen und englischen Plätzen wird am ersten Abschlag darauf hingewiesen, daß eine Runde nicht mehr als 3 Stunden und 15 Minuten dauern darf. Jeden, der langsamer spielt, holt der Marschall vom Platz. Sie werden aber auch selten Schotten oder Engländer sehen, die sich mit Probeschwüngen aufhalten.

Der Durchschnittsgolfer

Ich gebrauche sehr oft den Ausdruck »Durchschnittsgolfer«. Doch manchmal frage ich mich, was eigentlich ein »Durchschnittsgolfer« ist.
Statistiken haben mich wissen lassen, daß der männliche Durchschnittsgolfer auf 18 Löchern um die 92 Schläge macht. Das glaube ich nicht. Nicht, wenn er strikt nach den Golfregeln spielt und jeden Schlag zählt. Auf dem von Pete Dye erbauten Platz des Austin Country Clubs beispielsweise kann der Durchschnittsgolfer von den Herren-Abschlägen die 100 nicht brechen, wenn er jeden Ball ausputtet.
Eines Tages kamen vier Japaner zu mir, die als besondere Gäste eingeladen waren, unseren Platz zu spielen, von dem sie in Tokio schon gehört hatten.
Ich erkundigte mich nach ihrem Spielniveau, um ihnen raten zu können, von welchen unserer vier möglichen Abschläge sie spielen sollten. Sie stuften sich als Durchschnittsgolfer ein, wollten den Platz aber dennoch unbedingt von den Meisterschaftsabschlägen spielen, um all seine Schwierigkeiten kennenzulernen. Ich wußte genau, daß sie von den Meisterschaftsabschlägen an einigen Löchern die Schluchten und sonstigen Hindernisse nicht überwinden könnten. Aber sie waren ja unsere Gäste! Nach zwanzig Minuten, im Laufe derer sie drei Bälle verloren, hatten sie das erste Loch beendet. Dabei handelt es sich bei diesem Dogleg nach links über eine Schlucht noch um ein relativ leichtes Loch!
Etwa sechs Stunden später erst fielen mir unsere Gäste wieder ein, die noch immer nicht von ihrer Runde zurückgekehrt waren. Ich ging los, um sie zu suchen. Ich fand sie am 14. Loch. Einer kämpfte gerade in den Bäumen, ein anderer in der Schlucht. Der dritte Spieler suchte seinen Ball auf dem Hügel im tiefsten Rough. Und der vierte begrüßte mich mit einem breiten Lächeln. »Ein sehr guter Platz« lobte er. »Wie kommen Sie zurecht« erkundigte ich mich. »Sehr gut« war die Antwort.

Dick Metz meinte einst, ein Golflehrer sei zur Hälfte ein Muli und zur anderen Hälfte ein Sklave. An diese Worte mußte ich denken, als ich sie nicht einfach vom Platz holte, sondern ihnen höflich empfahl, vor Einbruch der Dunkelheit ihr Spiel zu beenden.

Später hörte ich dann, wie sie ihre Scores verglichen. Jeder von ihnen hatte um die neunzig gespielt! Tatsache ist, daß bei Berücksichtigung der Golfregeln keiner von ihnen die 100 hätte brechen können – auf den ersten neun Bahnen. Aber sie waren ja auch keine richtigen Durchschnittsgolfer.

Wohin ziele ich eigentlich?

Nehmen Sie Ihre Ansprechsposition ein und halten Sie den Schläger waagrecht vor Ihre Oberschenkel. Wohin der Schläger nun zeigt, ist die Richtung, in die Sie zielen. Weitaus weniger über Ihre Zielausrichtung werden Sie übrigens erfahren, wenn Sie einen Schläger entlang Ihrer beiden Fußspitzen legen.

Es wird von den Golfern viel getan, um die Zielausrichtung immer wieder aufs Neue zu überprüfen.

Schlagen Sie einen soliden Ball, und ich kann Ihnen sofort sagen, wohin Sie ausgerichtet waren. Wenn Sie die richtige Ausrichtung einmal gelernt haben, wird Ihnen Ihr Unterbewußtsein bei jedem Schlag signalisieren, wohin Sie ausgerichtet sind.

Erfahrene Spieler

Einer der wunderbaren Aspekte des Golfsports ist, daß man ihn bis zum Lebensende ausüben kann.

Es ist wirklich so, daß der erfahrene Spieler (eine doch viel schönere Bezeichnung als der Ausdruck »Senior«, oder?) mehr Golf-Freuden erleben kann, als in seinen jüngeren Golf-Tagen. Je länger ein Spieler dem Golf verbunden ist, desto mehr lernt er die friedvolle Golfplatz-Stille, die Kameradschaft unter den Spielern, die landschaftliche Schönheit der Plätze und die tie-

fen Geheimnisse dieses wunderbaren Spiels zu schätzen. Wie Schach ist Golf ein Spiel der Herausforderungen, das niemals ganz beherrscht werden kann.
So wie der Golfer ein »erfahrener Spieler« wird, macht sich aber auch das Alter bemerkbar. Am Sehvermögen, an der Muskelkraft, an der Leichtigkeit des Schwungs – und allzu oft auch um die Hüfte. Was nicht heißen muß, daß ein erfahrener Golfer schlechter scoren muß als früher. Ganz im Gegenteil! Er kann heute auf die im Laufe der Golfjahre gewonnene Erfahrung bauen. Und auf die immer modernere Golf-Ausrüstung, die heute die Golf-Märkte erobert.
Das vorrangige Ziel des erfahrenen Golfers sollte allerdings sein, in guter körperlicher Verfassung zu bleiben. Nutzen Sie hierfür jede sich bietende Möglichkeit. Wenn Sie zu Fuß zum Golfplatz gelangen können, dann lassen Sie das Auto in der Garage. Wenn Sie die Wahl zwischen Golf-Karre und Golf-Wagen haben, dann entscheiden Sie sich für das Ziehen der Karre. Natürlich müssen Sie nicht hinter Ihren Mitspielern herkeuchen, wenn diese auf das Fahren im Golf-Wagen bestehen. Fahren Sie dann halt mit – aber versuchen Sie dennoch, möglichst viele Strecken zu einem Fußmarsch zu nützen. Sie müssen ja mit dem Wagen nicht immer bis vor Ihren Ball fahren, sondern können vom Fairwayrand aus mit zwei oder drei Schlägern zu ihm gehen. Seien Sie insbesondere unbesorgt, daß Sie Ihre Mitspieler aufhalten könnten. Denken Sie daran: Die Erfahrung zeigt, daß ein forsch gehender Vierer die Runde meist schneller beendet, als ein Vierer im Golf-Wagen. Die fahrenden Golfspieler kreuzen nämlich zwischen den Bällen hin und her, wodurch sie sehr viel Zeit verlieren. Auf Plätzen, wo der Golf-Wagen die Wege nicht verlassen darf, unterhalten sich die Golfer zumeist lange über die Schlägerwahl, ehe sie endlich zu ihren Bällen gehen. Und gegebenenfalls doch noch einmal zum Wagen zurückkehren, weil sie schlußendlich doch einen anderen Schläger benötigen.
Golf-Wägen sind wertvoll für erfahrene Golfer, die körperlich nicht mehr in der Lage sind, die 18 Löcher abzulaufen. Einer

unserer Mitglieder beispielsweise lebt mit einer Sauerstoff-Maske. Ohne Golf-Wagen hätte er das Golfspiel längst aufgeben müssen. So aber sieht man ihn regelmäßig auf den grünen Bahnen, die (nicht nur) für ihn die Welt bedeuten.
Ich habe außerdem beobachtet, daß Golfer, die ihr Bag tragen oder ziehen, schneller Kontakt zueinander bekommen – und schneller Mitspieler finden.
Durch das Laufen bleiben die Beine stark. Und eine starke Beinmuskulatur ermöglicht auch dem erfahrenen Golfer einen kraftvollen Schwung.
Lassen Sie mich an dieser Stelle unterstreichen, wie wichtig es ist, daß der erfahrene Golfer während des Rückschwungs die linke Ferse leicht anhebt. In Verbindung mit einem etwas abgewinkelten linken Arm erlaubt die leicht angehobene Ferse eine längere, freiere Schwungbewegung.
Einige der jüngeren Golflehrer plädieren dafür, die linke Ferse strikt am Boden zu lassen. Ich kann dieser Lehr-Theorie nicht zustimmen. Insbesondere nicht in Bezug auf erfahrene Golfer. Denn einer der wichtigsten Faktoren im Spiel älterer Golfer ist die Körperdrehung. Ein Bewegungsablauf, der mit zunehmenden Alter sowieso immer schwieriger wird. Läßt der Spieler nun noch die linke Ferse am Boden, so blockiert dies seine Drehung noch mehr. Es geht mir nicht darum, daß der Spieler bewußt die linke Ferse anhebt. Vielmehr sollte er überhaupt keinen Gedanken an sie verschwenden. Getreu dem Motto: Wenn sie am Boden bleibt, ist's gut. Wenn sie sich anhebt, ist's auch gut.
Auch ein gestreckter linker Arm behindert die Körperdrehung. Insbesondere erfahrene Golfer mit stolzem Brust- und Bauchumfang sollten daher im Rückschwung wenig Wert auf einen gestreckten linken Arm legen. Schließlich geht es gerade für den betagteren Golfer darum, sich einen möglichst langen Schwung zu ermöglichen – und nicht etwa einen immer kürzeren.
Eine weitere Schwung-Blockierung bewirkt das bewußte »Kopf untenlassen«. Ich sage es wirklich jedem meiner erfah-

renen Golfer: Den Kopf möglichst lange »unten« zu lassen beeinträchtigt den Hüfteinsatz im Durchschwung – und damit das gesamte Schwung-Finish. Auch unabhängig davon gibt es keinen vernünftigen Grund, warum der Kopf im Durchschwung möglichst lange unten gehalten werden sollte.
Neben den möglichst kräftigen Beinen und regelmäßigen Dehn-Übungen sollte der erfahrene Golfer der richtigen Schläger-Wahl seine Aufmerksamkeit schenken.
Natürlich sollte man an der Art und Weise, wie man nun seit Jahrzehnten Golf gespielt hat, festhalten. Allerdings gehören in das Bag eines erfahrenen Golfers die Hölzer 5, 6 und 7. Erfahrene Golfer bekommen den Ball nämlich nicht mehr durch ihren Schwung, sondern durch die Schlagflächen-Neigung (Loft) zum Fliegen. Die vergangene Kraft jugendlicher Golf-Tage kann daher sehr wirkungsvoll durch Schläger mit einem höherem Loft ersetzt werden. Auch sollte der erfahrene Golfer zu weicheren Schlägerschäften greifen. Wer früher mit »S«-Schäften gespielt hat, sollte sich nun für »R« entscheiden. Wer früher auf »R«-Schäfte vertraute, fährt nun mit »A« sehr gut. Denn der erfahrene Golfer schlägt den Ball nicht mehr so hart wie einst – und kann daher den härteren Schäften nicht mehr den nötigten Peitsch-Effekt entlocken. Grundsätzlich gilt: Herren sollten höchstens Schwunggewicht D0, Damen C6 bis C8 spielen.
Erfahrene Golfer haben oft mit Arthritis in den Händen zu kämpfen. Die Schläger-Industrie hat sich dieser Problematik angenommen, und spezielle, dickere Griffe auf den Markt gebracht, die diesen Golfern das Halten des Schlägers erleichtert. Golfern, die unter Arthritis leiden, sind dabei Kunstfaser-Griffe besonders zu empfehlen, weil sie viel griffiger als Leder-Griffe sind.
Ich halte wenig davon, im Alter zu längeren Schäften überzuwechseln, auch wenn diese einen größeren Schwungradius und somit längere Ball-Flugweiten versprechen. Denn der längere Schaft zieht eine flachere Schwungebene nach sich. Und ein flacher Schwung verlangt nach noch mehr Drehung, was

den Bewegungsablauf für den erfahrenen Golfer wieder schwieriger macht. Wenn Sie den Ball solide treffen, wird er auch weit genug fliegen!

Zu überlegen ist, ob der erfahrene Golfer zum Zehn-Finger-Griff überwechselt, der es ihm erlaubt, die Hände im Treffmoment schneller und besser zu überrollen.

Ein Nachteil, mit dem die erfahrenen Golfer unserer Tage zu kämpfen haben, liegt in den stetigen Verbesserungen der Golfplatz-Pflege begründet. Denn früher, zu Zeiten der kargen Spielbahnen, mußte der Ball mehr von oben getroffen werden. Heute, im Zeitalter der automatischen Bewässerungsanlagen und der daraus resultierenden satten, dichten Fairway-Grasnarbe, gilt es, *durch* den Ball zu schlagen. Eine Schwung-Technik, mit der sich die erfahrenen Golfer erst anfreunden müssen.

Viele ältere Golfer lernten noch, den Ball für Eisenschläge ziemlich weit rechts zu positionieren. Eine Technik, die heute überflüssig ist und auch nicht mehr gelehrt wird. Es ging damals noch darum, den Ball auf Höhe des rechten Fußes zu plazieren, um ihn effizient von oben herab aus kahlen, harten Fairway-Lagen schlagen zu können. Heute wird der Ball bei den Eisenschlägen in der Mitte oder gar mehr vom linken Fuß gespielt.

Ein erfahrener Golfer sollte regelmäßig einen Golflehrer konsultieren, der die besonderen Schwung-Probleme der Senioren-Spieler nachvollziehen kann. Man braucht nun keinen Lehrer mehr, der einem den Schwung lehrt, den man eine Golf-Dekade lang konnte. Der Lehrer muß vielmehr aufzeigen können, wie man aus dem noch vorhandenen Potential die bestmögliche Schlag-Ausbeute erzielt.

Mein wichtigster Ratschlag an erfahrene Golfer dürfte sein, fortan 75 Prozent der Übungszeit für das kurze Spiel aufzuwenden. Ich betone hier noch einmal die Bedeutung des kurzen Spiels für Golfer aller Altersklassen. Aber insbesondere ein erfahrener Golfer, gleich, welcher Spielklasse, hat durch ein gutes kurzes Spiel die Möglichkeit, sein nunmehr nicht mehr ganz so effizientes langes Spiel auszugleichen. Und schließlich – der erfahrene Golfer hat nunmehr doch auch die Zeit, sich intensiv dem kurzen Spiel zu widmen. Außerdem erfordern kurze Schläge nur wenig Kraft, Beweglichkeit und Körperkoordination, dafür aber Gefühl und Erfahrung.

Erzählen Sie mir nicht, Sie wären zu alt und Ihre Nerven zu verbraucht, um noch ein guter Putter sein zu können. Schauen Sie sich einfach mal in Ihrem Club um. Wie in jedem Golfclub gibt es auch dort sicherlich ein paar jener alten Knaben mit weithin gefürchteten Putt- und Chip-Künsten.

Wahrscheinlich ist ein erfahrener Golfer gegenüber dem jungen, kraftvollen Spieler beim langen Spiel im Nachteil. Je mehr man sich aber dem Grün nähert, desto mehr wendet sich das Blatt zu seinen Gunsten. Im kurzen Spiel nämlich ist jeder Spieler gleich. Wobei der erfahrene Golfer erfahrungsbedingt gegenüber dem jungen Spieler ums Grün sogar einige Vorteile hat, sofern er zuvor sein Chip- und Putt-Training nicht vernachlässigt hat.

Was ich Kindern im Interesse effizienter Trainingseinheiten riet, hat auch für erfahrene Golfer uneingeschränkte Gültigkeit: Üben Sie das kurze Spiel immer nur mit einem Ball. Pitchen oder chippen Sie den Ball ans Loch – und lochen Sie den nächsten Schlag, ehe Sie dann wieder zu einem Pitch/Chip zurückkehren. Auf diese Art und Weise schärfen Sie Ihre Zielorientierung und verbessern Ihr Ballgefühl. Und schließlich – auf dem Platz können Sie ja auch nicht einen zweiten Chip machen, wenn der erste nicht Ihren Erwartungen entsprochen hat.

Sie haben doch viel Zeit! Nutzen Sie diese zum regelmäßigen Üben, dadurch werden Sie Ihren Spiel-Standard halten können. Denn auch wenn Sie jetzt ein erfahrener Golfer sind – Sie wissen doch, daß Sie im Herzen ein Kind geblieben sind.

Die linke Ferse

Die linke Ferse ist Gegenstand äußerst unterschiedlicher Lehr-Methoden. Insbesondere die jüngeren Lehrer möchten sie während des gesamten Schwungs fest am Boden sehen. Die Lehrer der alten Golfschule, wie beispielsweise Percy Boomer oder all die großen schottischen Pros, machen sich hingegen dafür stark, daß sich die linke Ferse während des Rückschwungs etwas anhebt. Und zu Beginn des Abschwungs wieder in ihre ursprüngliche Stellung zurückkehrt. Ich gehöre den Vertretern dieser Golf-Schule an. Nicht nur, weil das leichte Anheben der linken Ferse einen klassischeren Schwung bewirkt. Sondern auch, weil sie allen Golfern die bestmögliche Schwungbewegung erleichtert.

Wichtig ist, daß man die linke Ferse nicht bewußt anhebt. Denn bei einem lockeren, natürlichen Bewegungsablauf kommt sie im Rückschwung von ganz alleine etwas nach oben – solange der Golfer nicht dagegen anarbeitet.

Meiner Meinung nach hat Jack Nicklaus eine so hervorragende Schwung- und Ballkontrolle, weil er die linke Ferse sich etwas vom Boden lösen läßt. Das allein ermöglicht ihm die größtmögliche Körperdrehung. Im Gegensatz zu vielen seiner jungen Spielerkollegen hat er es dann nicht mehr nötig, den Schwungradius durch das, kontroll-verlierende, Lockern der Handgelenke am höchsten Punkt des Rückschwungs zu vergrößern.

Ben Hogan hat nie viele Gedanken an seine linke Ferse verschwendet. Sie hob sich etwas an oder auch nicht, je nachdem, welchen Schwung er gerade ausführte.

Shelley Mayfield, Mitte der fünfziger Jahre ein sehr populärer Tour-Spieler, gewann mit dem »Laß-die-linke-Ferse-auf-dem-Boden«-Schwung einige große Meisterschaften. Shelley, der später Head-Pro in Brook Hollow (Dallas) wurde, erzählte mir aber, daß er die linke Ferse nie bewußt auf dem Boden gelassen hätte. Dies war einfach das Ergebnis seines natürlichen, persönlichen, individuellen Schwung-Stils.

Wenn Golfer den Schwung ihrer Idole nachzuahmen versuchen, dann konzentrieren sie sich zumeist auf eine einzige Schwung-Besonderheit. Wie beispielsweise Jack Nicklaus' sogenannten »fliegenden Ellbogen« oder Lee Trevinos offenen Stand. Shelley erzählte mir, er hätte nichts dagegen gehabt, wenn sich seine linke Ferse etwas angehoben hätte. Aber sie blieb halt fest am Boden.
Nach meiner Überzeugung verkürzt das bewußte Nicht-Anheben der linken Ferse den Schwung-Radius erheblich. Und damit auch die von der Beweglichkeit und dem Alter vorgegebene Zeit, in der ein Spieler erfolgreich golfen kann.

Der Backspin

Ein Durchschnittsgolfer ließ nicht locker. Immer wieder bat er Tommy Armour, ihm den Eisenschlag mit viel Backspin (Rückwärtsdrall) zu lehren. Mit der technischen Antwort, daß einem solide geschlagenen Ball durch den Neigungswinkel der Schlagfläche gemessen zur Vertikalen (Loft) im Treffmoment der Backspin verliehen wird, gab er sich nicht zufrieden. Vielmehr war der Durchschnittsgolfer davon überzeugt, daß ein Schwung-Geheimnis Tommy Armours Bälle jene »Tänze zurück zur Fahne« auf dem Grün machen ließ.
Schließlich wurde es Tommy zu bunt. »Aus 125 Metern, schlagen Sie da die Bälle normalerweise hinter oder vor die Fahne?« fragte er den Quälgeist. Der Durchschnittsgolfer antwortete, er sei eigentlich immer zu kurz. »Wozu brauchen Sie dann Backspin?« war daraufhin Tommys trockener Abschluß-Kommentar.

Gewichtige Schläger

Jeder Golfer, ob jünger oder älter, sollte einen schweren Übungsschläger besitzen, der mindestens 620 Gramm wiegt. (Die Feststellung, daß Kinder auf keinen Fall mit schweren Schlägern spielten sollten, erübrigt sich wohl!)

Das Schwingen eines schweren Schlägers mit dem regulären Griff und der normalen Ansprechsposition ist die beste Methode, die Golfmuskulatur zu stärken. Gängige andere Übungen, wie das Drücken eines Tennisballes mit der Hand, mögen auch gut sein. Sie bergen meiner Meinung nach aber die Gefahr, die falschen Muskeln kräftiger auszubilden. Beim Golfspiel werden andere Muskeln beansprucht als beispielsweise beim Gewichtheben. Es wird nach jenen Muskeln verlangt, die auch eine Peitsche knallen lassen könnten.

Schwingen Sie mit Ihrem schweren Übungsschläger aber schon am Abend vor der Runde – und nicht kurze Zeit vor dem ersten Abschlag. Denn Ihre Kraft werden Sie noch auf den 18 Löchern brauchen!

Schwingen Sie den schweren Übungsschläger auch nicht zu kraftvoll. Ich rate sogar, diese Übungen in einem geschlossenen Raum zu machen, wo Sie dann aber im Zeitlupentempo schwingen sollten. Dieser Zeitlupen-Schwung entwickelt die Golf-Muskulatur noch besser, läßt Ihnen die korrekte Schlägerposition für jede Schwung-Sequenz in Fleisch und Blut übergehen – und gefährdet nicht Ihre Wohnungseinrichtung.

Immer wenn Sie mit dem schweren Übungsschläger, mehr oder minder kraftvoll, schwingen, sollten Sie den Schlägerkopf auf ein Ziel ausrichten. Dadurch schlagen Sie zwei Fliegen mit einer Klappe. Denn während Sie Ihre Golf-Muskulatur stärken, trainieren Sie sich auch die gute Angewohnheit des Schlägerkopf-Ausrichtens bei jedem Schlag an.

Tips und Tricks für die Platzpflege

Der berühmte schottische Golfplatz-Architekt Dr. Alister Mackenzie, der unter anderem Augusta National und Cypress Point entwarf, schrieb vor vielen Jahren den Aufsatz »Hinweise zum Greenkeeping«, der seither an einer Wand meines Pro-Shops hängt.
Was Mackenzie empfiehlt, ist zeitloser Rat. Ich zitiere:
Der von Kaninchen verursachte Schaden an einem Golfplatz wird bei weitem aufgewogen durch die positiven Aspekte ihrer Gegenwart. Kaninchen halten den Boden sauer, tilgen das Unkraut, verjagen die Würmer und »produzieren« einen hervorragenden Dünger.
Der Greenkeeper sollte immer daran denken: Golf ist ein Spiel. Und keinem Spieler macht es Spaß, nach seinem Ball suchen zu müssen.
Spielbahnen und Grüns sollten entsprechend ihrer natürlichen Gelände-Formation geschnitten werden – und nicht »querbeet« in gerade Linien.
Das geschnittene Gras sollte nicht entfernt werden. Es wird zum dichten, gesunden Untergrund der Grasnarbe, in dem kräftige Wurzeln Halt und Nahrung für die entsprechend satt wachsenden Halme finden. (*Diesem Ratschlag wird heute nicht mehr gefolgt, weil sich unter dem liegengelassenen Gras immer wieder Gras-Krankheiten ausbreiteten.*)
Ein Beratungshonorar rechnet sich schnell, wenn man sich die Gelder ansieht, die ohne fachgerechte Pflege-Hinweise zum Fenster hinausgeworfen werden.
Niemals sollte der Rat eines Gärtners oder Landwirtschafts-Experten eingeholt werden. Es sei denn, dieser verfügt über eine spezielle, golfplatz-orientierte Ausbildung.
Landwirtschaftlich genutztes Gelände verlangt nach einem alkalischen Boden, während satt-grüne Fairways nur auf einem sauren Untergrund wachsen.
Kalk, Schlacke, Knochenmehl und andere alkalische Dünger fördern hauptsächlich das Wachstum von landwirtschaftli-

chen Gräsern wie Gänseblümchen und Wegerichen, und ziehen zudem Würmer an.
Würmer aber sind die natürlichen Feinde des Golfplatzes. Sie sind der häufigste Grund für schlechte Grüns und/oder schlammige Spielbahnen.
Gewarnt sei vor Überdüngung. Die schönsten Golfplätze wachsen auf kargem, saurem, sandigem Boden oder Heideflächen.
Ziehe die Verbesserungsvorschläge von Golfern nur in Betracht, wenn diese nicht nur die Interessen ihres eigenen Spiels, sondern auch das von Golfern anderer Leistungsstärken berücksichtigt. Ein gutes Golfplatz-Design muß und wird alle Golfer herausfordern.
Die architektonische Planung eines Golfplatzes ist eine schwierige Kunst, vergleichbar mit der des Kunst- und Skulpturhauens. Es gilt, die Bahnen in das von der Natur vorgegebene Gelände einzupassen, ohne dieses zu vergewaltigen.
Auf vielen Plätzen sind zuviele Bunker. Dabei sollten die eigentlich nur unter spielstrategischen, niemals aber unter bestrafenden Gesichtspunkten angelegt sein.
Gerade zunächst besonders kritisierte Spielbahnen beeinflussen oft die weitere Entwicklung des Spiel-Standards – und werden zu den in der Golf-Welt bekanntesten Löchern.
Trage niemals Bodenwellen oder natürliche Hindernisse ab, nur weil sie auf den ersten Blick nicht ins Bahn-Layout zu passen scheinen. Sie könnten später erheblich zur interessanten Spiel-Strategie, und damit zur Freude am Spiel beitragen.
Verändere niemals eine Bahn, bevor Du nicht hundertprozentig davon überzeugt bist, daß der Umbau die Spielfreude und die spielstrategische Herausforderung erhöhen wird. Nicht umsonst sind die besten Golfplätze jene, deren Bahnen optisch und charakterlich in die Umgebung eingepaßt wurden.
Und der Versuch, berühmte Spielbahnen an landschaftlich anderweitig gelagerter Stelle nachzubauen, führt zumeist zu einem unbefriedigenden, manchmal gar fatalen Ergebnis.

Das Abwinkeln der Handgelenke

Ich halte viel von Schwüngen mit schon früh abgewinkelten Handgelenken. Aber ich rede nicht gerne davon, weil viele Schüler über die Konzentration auf das Abwinkeln der Handgelenke den restlichen Schwung völlig zu vergessen scheinen. Den Schüler zu bitten, die Handgelenke abzuwinkeln, ist eine gute Möglichkeit, ihn aus dem Konzept zu bringen.
Vor allem Damen versuchen, ihre Handgelenk am höchsten Punkt des Rückschwungs übertrieben abzuwinkeln. Dadurch überschwingen sie – und verlieren Spannung.
Im Rückschwung muß auf der Höhe Ihrer Hüften die Schlägerkopf-Spitze zum Himmel zeigen, sofern Ihr Schlägerschaft parallel zum Boden liegt. Wenn dies der Fall ist, dann sind Ihre Handgelenke schon ganz natürlich abgewinkelt – und Sie brauchen keinen Gedanken mehr daran zu verschwenden. Schwingen Sie einfach weiter!
Damit Sie ein klares Bild bekommen, wie das abgewinkelte Handgelenk auszusehen hat, sollten Sie Ihre linke Hand zu einer Faust ballen. Der dabei entstehende Handgelenk-Winkel ist der, der auch beim Golfschwung zum Einsatz kommen sollte. Machen Sie mit der zur Faust geballten linken Hand einen Trocken-Golfschwung. Sie werden dabei schnell die jeweiligen Schlägerpositionen bei zunächst abgewinkelten, dann wieder geraden und am Schwungende erneut abgewinkelten Handgelenken erkennen.
Beobachten Sie in einem Spiegel, was mit Ihrem Handgelenk bei diesem Trocken-Schwung passiert. Bald schon wird Ihnen das Abwinkeln der Handgelenke keinerlei Probleme mehr bereiten.

Der volle Schlag zum Grün

Beim Durchschnittsgolfer landet der Schlag zum Grün mit dem mittleren Eisen selten hinter der Fahne. Einige Lehrer empfehlen daher dem Durchschnittsgolfer, für den Schlag zum Grün eine Schlägerlänge mehr zu nehmen, als er eigentlich benötigen würde. Mit anderen Worte, wenn die 120 Meter zur Fahne eigentlich nach einem Eisen 7 verlangen, sollten Sie sich für ein Eisen 6 entscheiden. Und das dann ganz locker schlagen.

Davon halte ich nichts! Ich empfehle für diese Situation vielmehr ein härter geschlagenes Eisen 7. Wobei Sie den Schlag selbstbewußt und in der Überzeugung ausführen müssen, daß Sie mit genau diesem Schlag Ihren Ball an die Fahne bringen werden.

Wenn Sie sich hingegen für einen längeren als eigentlich benötigten Schläger entscheiden, wird Ihnen Ihr Unterbewußtsein keine Ruhe lassen. Sie werden gedanklich nicht ignorieren können, daß Sie den falschen Schläger spielen. Ihr Versuch, nun besonders leicht zu schlagen, kann sehr schnell zu einem verunglückten Schwung und zu einem verzogenen Ball führen. Wenn Sie sich allerdings dennoch für den eigentlich zu langen Schläger entscheiden, dann greifen Sie bitte um etwa drei Zentimeter kürzer – und schwingen Sie dann wieder gewohnt kraftvoll durch.

Ich sehe gerne Golfern zu, die den Ball kraftvoll schlagen. Immer vorausgesetzt, sie schwingen nicht so verbissen, daß sie darüber ihr Timing und ihr Gleichgewicht verlieren. Als Jimmy Thompson noch der Longhitter der US-Tour war, kam er oft zu mir, weil er wußte, daß ich niemals versuchen würde, ihm seinen harten Schwung auszureden.

Spielen und schwingen Sie immer so, wie es sich für Sie am besten anfühlt.

Die meisten Schläge zum Grün bleiben übrigens zu kurz, weil 75 Prozent davon nicht in der Mitte der Schlagfläche (»Sweet-Spot«) getroffen werden!

Leichtes Spiel

Das Spiel aus dem Bunker jagt zwar den meisten Durchschnittsgolfern noch große Angst ein, für die Pros ist es meiner Überzeugung nach im Laufe der vergangenen Jahre dagegen viel zu einfach geworden.

Heute zielen die Pros bewußt auf die Grünbunker, weil sie den Ball aus dem Sand mit einer tödlichen Sicherheit an die Fahne schlagen werden. Was die Stars nicht daran hindert, ständig und allerorts die Qualität des Sandes zu kritisieren. Sie fordern im Hindernis einen Untergrund, der die Explosionsschläge noch einfacher und sicherer macht. Sofern es sich nicht gerade um einen sehr tiefen Grünbunker handelt, ist es den Profis lieber, den Ball sicher im Sand zu wissen, als das Risiko einzugehen, mit einem direkten, eventuell etwas mißglückten Grün-Anspiel im kniehohem Rough zu landen.

Dies war aber wahrlich nicht die ursprüngliche Absicht, als Bunker erstmals um die Grüns herum angelegt wurden. Der Bunker war vielmehr als Hindernis gedacht, das es zu vermeiden galt.

Edwin MacClain, Mitglied des Houston Country Clubs, erfand die erste Sand-Wedge, die er sich 1928 patentieren ließ. Bobby Jones spielte mit dieser MacClain-Sandwedge die British Open 1930 und Horton Smith setzte sie auf der US-Tour ein. 1931 aber wurde MacClains Sand-Wedge für nicht regelkonform erklärt, weil sie ein ausgehöhltes Schlägerblatt hatte, dessen Form der eines Suppenlöffels ähnelte. Fotoaufnahmen hatten bewiesen, daß mit dieser Schlagfläche der Ball immer zweimal berührt wurde. Einmal mit der unteren und einmal mit der oberen Kante des Schlägerkopfes.

Als Gene Sarazen 1932 eine andere Sand-Wedge erfand, wurde diese sofort zu einer vielbeachteten Entwicklung.

Trotz der Erfindung der Sand-Wedge wurde den Bunkern noch lange Zeit großer Respekt entgegengebracht. Präsentierte sich ihr Innenleben doch relativ ungleichmäßig: Mal hart, mal weich, mal mit Sand, mal mit Erde oder gar Steinen. Erst, als die Bunker regelmäßig gesandet wurden, ging ihre Bedrohung für Ball und Score sukzessive zurück.

Dieser Tage überkommt mich Unbehagen, wenn ich beobachte, wie unsere schönen alten Plätze angesichts von hochtechnologischer Ausrüstung, Flüssigkern-Bällen und immer kraftvolleren Touring-Pro-Schwüngen den Anforderungen des modernen Golfspiels immer weniger genügen.

Ich hätte daher einen Vorschlag zu machen, der unseren alten Plätzen ihre reizvolle Herausforderung und den Grünbunkern großen Respekt zurückbringen würde: Unterlassen wir künftig das Harken der Bunker! Entweder harken wir sie überhaupt nicht mehr – oder, was in meinen Augen noch besser wäre, harken wir sie in Furchen.

Ich würde dann meinen alten texanischen Freund, den ehemaligen PGA-Champion Dave Marr, nicht mehr am Fernsehen kommentieren hören: »Spiel- und scorestrategisch war es von Freddie sehr gut, den Ball bewußt in den Bunker zu schlagen. Als Alternative hatte er ja nur, das schnelle, Grün anzugreifen, von dem der Ball vielleicht ins Rough gerollt wäre. Und aus dem Rough heraus wäre sein nächster Schlag nicht kontrollierbar gewesen.« Stattdessen würde ich einen entsetzten Dave »Oh Gott, Freddie liegt im Bunker. Hoffentlich kosten ihn diese tiefen Furchen nicht das Par« ausrufen hören!

Das wird natürlich niemals eintreten. Denn mein Vorschlag wird weder bei Touring-Pros noch bei Clubgolfern auf Zustimmung stoßen. Aber er würde unsere schönen alten Plätze wieder attraktiver machen – und die Spieler bestrafen, die das Grün nicht direkt anspielen.

Auf Pine Valley, einem Platz, den ich für einen der weltbesten halte, werden die Fairway-Bunker schon nicht mehr geharkt. Allerdings werden die Grünbunker nach wie vor mit großer Sorgfalt glatt gerecht. Aber Pine Valley ist auch mit geharkten Grünbunkern ein sehr schwerer Platz. Zumindest für Amateure. Denn eine Meisterschaft für Professionals wurde dort noch nie ausgetragen. Die Tour-Spieler würden, nicht zuletzt dank ihres Bunker-Spiels, einen Platz wie Pine Valley zerlegen.

Das Bunkerspiel

Üben Sie Ihr Bunkerspiel, indem Sie bei den Sandschlägen von Versuch zu Versuch aggressiver werden. Und lassen Sie »Sandschläge kann ich nicht«-Gedanken gar nicht erst aufkommen. Denn wenn Sie das Bunkerspiel regelmäßig üben und dabei einige grundsätzliche Dinge beachten, dann ist das Spiel aus dem Sand gar nicht so schwierig. Auch nicht für den Durchschnittsgolfer.

Greifen Sie die Sand-Wedge oben am Griff – genauso, wie Sie es bei jedem anderen Eisenschläger auch tun würden. Dies ermöglicht es Ihnen, einen vollen Schwung zu machen, der erst im hohen Finish enden wird. Und nicht etwa schon, wenn der Schläger den Sand berührt. Halten Sie den Schläger besonders mit dem linken kleinen Finger und dem linken Ringfinger fest. So kann sich das Schlägerblatt im Sand nicht verdrehen.

Bei der Ballansprache zeigt das Griff-Ende auf Ihren Reißverschluß, Ihre Hände sind leicht nach vorne versetzt. Ihr Stand ist zunächst »square« zum Ziel ausgerichtet, das heißt, die imaginäre Linie von Fußspitze zu Fußspitze liegt parallel zur Ziellinie. Öffnen Sie nun das Schlägerblatt etwas, so daß es auf einen Punkt rechts des Ziels zeigt. Dann erst öffnen Sie Ihren Stand. Sie nehmen Ihren linken Fuß etwas zurück, gleichzeitig verschieben Sie Ihre Hüften und Schultern so, daß Ihr ganzer Körper links des Ziels ausgerichtet ist. Dadurch hat sich auch die Schlägerblatt-Position geändert, es zeigt nun wieder auf das Ziel. Schlußendlich gilt es noch, etwas mehr Gewicht vom rechten auf das linke Bein zu verlagern.

Mit dem nun folgenden, ganz normalen Schwung um Ihren Körper werden Sie zwei bis drei Zentimeter vor dem Ball in den Sand schlagen. Ihr Bestreben sollte sein, den Sand unter dem Ball aus dem Bunker zu schlagen. Auf diesem Sandteppich wird der Ball wie von alleine aus dem Bunker fliegen – und auf dem Grün zur Ruhe kommen.

Üben Sie diesen Schlag mehrere Stunden lang. Spätestens dann werden Sie verstehen, was ich mit »aggressiver werden«

meine. Bald schon werden Sie nicht mehr »Hoffentlich komme ich aus dem Bunker« denken. Denn bald schon werden Sie bei jedem Bunkerschlag die Fahne suchen.
Grundsätzlich gilt: Je weiter Sie vor dem Ball in den Sand schlagen, desto mehr Sand wird mit dem Ball aus dem Bunker fliegen. Je mehr Sand mitgeschlagen wird, desto kürzer wird der Schlag. Je länger ein Bunkerschlag, desto weniger Sand gilt es mitzunehmen.

Entspann' Dich nicht!

Ob auf der Driving-Range oder auf dem Platz. Immer wieder hört man es, das immer wiederkehrende »Entspann' Dich«. Ich habe sogar mal einen Golfer zu einem Mitspieler sagen hören: »Streng' Dich an, Du mußt Dich entspannen!«. Als ob jemand, der um jeden Preis zu Entspannen versucht, nicht entweder verkrampfen oder ermüden würde.
Und weder das eine noch das andere führt zu einer besseren Schwungbewegung. Für einen guten Schlag brauchen Sie etwas Kribbeln im Bauch. Diese – nicht übertriebene – Anspannung verhindert, daß Ihre Muskeln abschlaffen. Anstatt »Entspannen Sie sich« empfehle ich daher »Seien Sie ausgeglichen«. Wenn Sie ausgeglichen sind, sind Sie sowohl entspannt als auch auf alles gewappnet. Das Geheimnis liegt wirklich in einer »kontrollierten Heftigkeit«, wie es Jack Burke jun. auszudrücken pflegte.

Positives Denken

»Nie« und »Tu' nicht« – zwei Aussagen, die Sie in meinen Unterrichtsstunden niemals hören werden. »Nie« und »Tu' nicht« kommen in diesem Buch zwar öfter vor. Aber nur, weil der Leser ausreichend Zeit hat, all meine Aussagen gründlich zu überdenken und wirken zu lassen.
Auf der Driving-Range aber würde ich niemals jemanden mit »nie« oder »Tu' nicht« konfrontieren. Der Schüler hat mit sei-

nem Willen, etwas zu lernen und dem Streß, seine vielleicht zunächst noch erfolglosen Bemühungen beobachtet zu sehen, schon genug zu tun. Vielmehr versuche ich, mich mit positiven, konstruktiven, aufbauenden Worten verständlich zu machen.

Auf dieses Thema werde ich in dem späteren Kapitel über das Golf-Lehren noch einmal detailliert eingehen. Momentan möchte ich es dabei belassen, dem Leser vor Augen zu führen, daß negative Gedanken das Gelingen eines Golfschwung von vornherein vereiteln.

Ich hätte dieses Kapitel eigentlich auch mit »Bloß keine negativen Gedanken« betiteln können. Aber schon allein diese Zeile hätte möglicherweise negative Denk-Ansätze im Kopf des Golfers hervorgerufen. Jack Burke sen. drückte es so aus: »Ziehe aus jedem Zweifel nur seinen Nutzen.« Aber auch diese Aussage birgt das gefährliche Wort »Zweifel« in sich.

Ich möchte nämlich, daß Sie in jeder Vorbereitungs- und Schwungphase felsenfest vom guten Gelingen des anstehenden Schlages überzeugt sind. Ich möchte, daß Sie Ihren Schlag mit einem Gefühl des völligen Vertrauens ausführen.

Für einen Spieler, der die 100 nicht brechen kann, mag dies zunächst lächerlich klingen. An dieser Stelle muß ich daher auf den Unterschied zwischen Vertrauen und Optimismus hinweisen. Vertrauen bedeutet, daß ein bestimmter Schlag in der Vergangenheit schon öfter gut gelungen ist. Der Spieler also weiß, daß er genau diesen Schlag kann und er ihm auch beim nächsten Male gelingen wird. Jeder Golfer, der 85er-Runden spielen kann, hat mit jedem Schläger in seinem Bag schon viele Male gute Schläge gemacht. Er weiß, daß er's kann. Und er kann auf seine Fähigkeit vertrauen. Optimismus hingegen wäre das Hoffen auf einen guten Schlag mit einem Schläger, den man noch niemals zuvor gut getroffen hat.

Der positive Denkansatz, sprich das Selbstvertrauen, kann auch einem Golfer sehr helfen, der bislang noch nie mit weniger als 100 Schlägen von einer Runde zurückgekehrt ist. Allerdings muß dieser Golfer, ob auf der Driving-Range oder auf dem Platz, erst einmal mit vielen, vielen Übungsschlägen die Basis schaffen, auf der sich das Gefühl des (Selbst-)Vertrauens entwickeln kann.

Unentschlossenheit vereitelt all Ihre Bemühungen! Im Moment der Ball-Ansprache müssen Sie sich absolut sicher sein, den richtigen Schläger für den geforderten Schlag in der Hand zu halten. Versuchen Sie dann, das beste aus Ihrem Schlag zu machen. Auch wenn sich zeigen sollte, daß es nicht der richtige Schläger war, so werden Sie beispielsweise mit dem Eisen 5 nicht weiter als zehn Meter vom Ziel entfernt liegen. Vorausgesetzt, Sie haben einen soliden Schlag gemacht. Wenn Sie hingegen zwischen dem Eisen 4, 5 und 6 schwanken und sich schließlich für einen Schläger entscheiden, ohne von dieser Wahl überzeugt zu sein, dann wird das Ergebnis ein zögerlicher Schwung und ein entsprechend mißglückter Schlag sein.

Im Kopf des Durchschnittsgolfers jagen sich viele, sich widersprechende, Gedanken. Er denkt an die letzten Spiel-Tips, die er irgendwo aufgeschnappt hat. Er überlegt, ob und warum seine Schlagfläche im Rückschwung nicht zu geschlossen ist. Er zweifelt, ob er den nächsten Ball treffen wird. Und zu guter Letzt fällt ihm auch noch ein, daß seine Tochter heute mit dem nagelneuen Wagen unterwegs ist.

Ein Golfer muß in der Lage sein, sich von all diesen Gedanken frei zu machen. Der Golfschwung vollzieht sich genau im jetzigen Moment. Nicht in der Vergangenheit. Und auch nicht in der Zukunft. Sondern jetzt. Und verlangt jetzt Ihre gesamte Aufmerksamkeit.

Denken Sie positiv. Ganz, wie es mein großer Bruder Tom, der dreißig Jahre lang Pro in Austin Muny war, auszudrücken pflegte: »Entscheide Dich – und dann schlag' zu!«

Psychologisches

Tom Kite wurde einst in unserem Club von einem Sport-Journalisten interviewt. Aus der Ferne beobachteten Sandra Palmer und ich die beiden Gesprächspartner. Irgendwann drehte sich der Journalist zu mir um und sagte: »Harvey, wenn ich das richtig verstehe, bist Du Psychologe für alles, was mit Golf zu tun hat«. »Davon weiß ich nichts« schwächte ich ab. »Ich bin nur ein ehemaliger Caddy, der noch heute auf der Suche nach den Geheimnissen des Golfsports ist«. »Aber Du hast doch heute morgen bei mir Psychologie angewandt« meinte Tommy. »Wann war das?« fragte ich zurück. »Als ich Dich wegen meines Putt-Stils um Rat fragte«, kam die Antwort. »Du hast mich gefragt, ob ich seit unserer letzten Begegnung etwas geändert hätte. Und ich erzählte Dir, daß ich seit kurzem versuchen würde, den Putt weniger zu schlagen, als ihn zum Ziel zu schubsen, wozu ich den Schläger kürzer greife.« »Tommy, Du sollst doch niemals das Wort Schubsen in Zusammenhang mit Deinem Golfschwung benutzen« unterbrach ich ihn. »Es geht nicht darum, den Putt zu schubsen. Dein besseres Putt-Gefühl resultiert einzig daraus, daß Du den Putter kürzer faßt.« »Und genau das hast Du heute morgen auch gesagt« triumphierte Tommy. »Ist das etwa keine Psychologie?«

Ich empfand es schon damals als unangenehm, wenn Jimmy Demaret von seinem »geschubsten Schlag« sprach.

Jimmy meinte damit einen gewissen Schlag, der als »Quail-Schlag« in die Geschichte einging und den er auch unter großem Druck verläßlich ausführen konnte. Der Schwung für diesen Schlag war nicht besonders harmonisch, und der Ball flog auch nicht so weit wie sonst – aber es war ein Schlag, der den Ball sicher im Spiel, also auf dem Fairway oder auf dem Grün, hielt.

Aber eigentlich hätte er ihn den »nicht geschubsten Schlag« nennen sollen, weil Jimmy im Vertrauen auf ihn jedem Druck standhalten, und so einen freien, wenn auch etwas anderen, Schwung machen konnte.

Doch selbst diese Bezeichnung hätte ich nicht für gut befunden, weil sie immer noch das Wort »Schubsen« enthalten hätte. Ganz zu schweigen vom Wörtchen »nicht«!

Der Teil des menschlichen Gehirns, der beim Golfschwung involviert ist, ist sehr empfindlich gegenüber negativen Tendenzen. Zudem sind Golfer ebenso gut- und schnellgläubige als auch leicht beeinflußbare Menschen. Ich empfehle meinen Schützlingen deshalb beispielsweise, mit Spielern zum Essen zu gehen, die gut putten.

Wir kennen ihn doch alle, den Mitspieler, der einen in die Verliererrolle redet. Der sich mit einem Unschuldsblick auf den Abschlag stellt und wie nebenbei ein »O Gott, schau' nur, wie dicht die Ausgrenze am Fairwayrand ist. Ich hoffe, Du spielst nicht nach links« oder ein »Wirklich sehr interessant, diese Veränderung in Deinem Rückschwung« vorbringt. Das wohl beste, was ich in diesem Zusammenhang gehört habe, war die Frage »Atmest Du während Deines Rückschwungs eigentlich ein oder aus?«.

Wir nennen diese nur auf den ersten Blick unverfänglichen Bemerkungen die »Needles« (Nadeln). Ein guter Spieler läßt sich von »Needles« nicht aus dem Spielkonzept bringen. Für ihn ist es nur eine Bestätigung, daß sich der »Needler« unsicher fühlt.

Das Golfspiel ist eine gewisse Art der Meditation. Während der vier Stunden, die Sie auf dem Platz verbringen, müssen Sie sich ganz auf das Spiel konzentrieren und dürfen keinen Gedanken an spielfremde Dinge verschwenden.

Vermutlich hat Golf mehr Leute geistig fit gehalten, als dies Psychiatern bislang gelungen ist.

Bleib' hinter dem Ball

Versuchen Sie mal, mir einen Spitzenspieler zu nennen, der seinen Kopf während des Golfschwungs nicht bewegt. Mir würde keiner einfallen. Am ehesten würde ich noch an Sam Snead denken, doch auch der bewegt seinen Kopf etwas. Aber – alle großen Spieler bewegen ihren Kopf im Treffmoment etwas nach hinten. Und niemals nach vorne.
Hier bietet sich ein Vergleich mit dem Baseball-Schwung an. Einem Hank Aaron beispielsweise, der den Ball bis über das Scoreboard dreschen konnte, attestierte jeder, daß er während des gesamten Bewegungsablaufs »hinter dem Ball« bleiben würde. Auch ein Golfer muß hinter dem Ball bleiben.
Sie können keine Fliege mit der Patsche erschlagen, wenn Sie gleichzeitig mit dem Kopf einen Ruck vorwärts machen. Um Kraft hinter den Patschenschlag zu bekommen, werden Sie Ihren Kopf ganz automatisch ruhig halten oder etwas nach hinten nehmen. Byron Nelson beispielsweise nahm seinen Kopf bis zu dreißig Zentimeter zurück!
Damit Sie aber hinter dem Ball bleiben können, müssen Sie erst einmal hinter den Ball kommen. Hierfür rate ich: Verlagern Sie Ihren Kopf schon beim Ansprechen etwas hinter den Ball – und halten Sie diese Stellung ein.
Wenn Sie während des Abschwungs oder im Treffmoment Ihren Kopf nach vorne bewegen, so wird das Ergebnis wahrscheinlich ein Pull-Slice, mit Sicherheit aber ein mißglückter Schlag sein.
Ein Schüler erzählte mir von einer Runde, die er mit Lee Trevino spielen durfte. Am zweiten Abschlag, einem Par 3, machte der Schüler einen seiner Meinung nach guten Schlag, der neun Meter vor der Fahne zur Ruhe kam.
Statt ihn zu loben, warf Trevino ihm einen neuen Ball zu und forderte ihn auf, noch einmal abzuschlagen. Wobei er dieses Male den Kopf nicht nach vorne bewegen sollte. »Ich versuche doch schon immer, meinen Kopf nicht nach vorne zu bewegen«, meinte daraufhin der Schüler. »Aber ich weiß nicht, wie

ich das schaffen könnte.« »Denke heute bei jedem Schlag daran, daß ich Dir zusehe. Und daß ich es bin, der möchte, daß Du den Kopf nicht nach vorne bewegst« gab ihm Trevino daraufhin mit auf die nächsten Bahnen.
Der Schüler war tief beeindruckt. Schon beim nächsten Schlag gelang ihm das vermeintlich Unmögliche. Mit dem Ergebnis, daß der Ball, bestens getroffen, als leichter Draw bis drei Meter hinter die Fahne flog. »Ich habe einen Meister geschaffen« freute sich Lee.
Der Schüler beendete die ersten neun Bahnen unter Par. Danach mußte Lee ihn verlassen. Zum Abschied sagte er noch: »Ich muß jetzt gehen, Champion. Aber vergiß' nicht, was ich Dir gesagt habe«.
Ich erkundigte mich, wie die Geschichte weitergegangen sei. »Schon am 14. Loch habe ich meinen Kopf wieder nach vorne bewegt« bedauerte der Schüler. »Und die zweiten neun Bahnen in den gewohnten 41 Schlägen gespielt«.
Vielleicht lag es ja an der negativen Form des Ratschlages (»Tu' nicht«), daß der Erfolg nicht lange anhielt. Die positive Version des Ratschlages wäre gewesen: »Bleib' hinter dem Ball«.

Von oben (herab)schlagen

Der wohl schwerwiegendste Schwung-Fehler hat rund ein Dutzend verschiedener Bezeichnungen. In England wird er beispielsweise als »Casting« (Werfen) bezeichnet. Was eine recht gute Beschreibung ist, den die Bewegung des rechten Arms und der rechten Hand beim »Casting« ist ähnlich der des Auswerfens eines Angelhakens.
Mein Freund Darrell Royal, seines Zeichens Fußball-Cheftrainer der Universität von Texas und »nebenbei« ein ausgezeichneter Golfspieler, hat einen sehr erfindungsreichen Namen für den Fehler, über den wir hier reden. Darrell nennt es OTTFIG, als Kurzfassung von »Over the top, forget it« (»Von oben herab – vergiß es«).

Die Rede ist von dem Schlag, bei dem der Schläger von oben herab auf den Ball geschwungen wird. Dieser Fehler entsteht, wenn Sie am höchsten Punkt des Rückschwungs den Abschwung durch das nach unten Werfen der Hände einleiten.
Viele Golfer schlagen ihr Leben lang von oben herab auf den Ball. Mit teilweise sehr guten Ergebnissen, wie sich am Beispiel des Amateurs Bud McKinney zeigt. Er, der immer große funkelnde Brillantringe trug, brachte es mit seinem »Von oben nach unten«-Schwung zu eindrucksvollen Spitzen-Ergebnissen. Auch auf der Profi-Tour gibt es mehrere Spieler, die im Abschwung von außen zum Ball schwingen. Eine Bewegung, die mit dem Schlagen von oben nach unten gleichzusetzen ist. Diese Spitzenspieler sind athletisch und beweglich genug, um mit ihrem Schwung leben (und scoren) zu können. Was nicht heißt, daß sich der Durchschnittsgolfer ein Beispiel daran nehmen sollte!
Niemand hat bislang gegen diesen Schwungfehler eine Methode gefunden, die schnelle Besserung verspricht. Regelmäßiges Training der elementaren Schwung-Prinzipien ist sicherlich eine Verbesserungs-Möglichkeit. Aber das ist wohl nicht die Antwort, die ein Schüler von seinem Lehrer hören möchte.
Nachfolgend einige Ursachen, die das Schlagen von oben nach unten bewirken:

- Schwacher Griff, insbesondere der linken Hand.
- Falscher Einsatz der Unterarme, d.h. Einsatz der Handgelenke statt der Unterarme bei der Einleitung des Rückschwungs und im Treffmoment.
- Ausrichtung des Körpers nach rechts.
- Steifes linkes Bein im Treffmoment. Ich habe in diesem Zusammenhang festgestellt, daß gute Spieler, die am wenigsten zum »Oben nach unten«-Schlag neigen, beide Knie leicht abgewinkelt halten, während sie durch den Ball schwingen. Die einst gültige Lehre, gegen eine starke linke Seite zu schlagen, bewirkt, daß der Abschwung von außer-

halb des Balles eingeleitet, das linke Bein gestreckt und der Schläger über die korrekte Schwunglinie hinaus geworfen wird.

(Machen Sie einen Zeitlupen-Schwung, um sich dies zu veranschaulichen. Halten Sie dabei Ihre Knie bis nach dem Treffmoment angewinkelt statt gestreckt. Der Schläger wird von innen zum Ball schwingen. Bei einem zweiten Zeitlupen-Schwung strecken Sie Ihr linkes Bein auf halben Weg des Abschwunges. Sie werden schnell erkennen, wie Ihr Oberkörper nach vorne fällt und Sie somit von außen zum Ball schwingen.)

– Zu offene Schlagfläche bei der Ball-Ansprache.

Beim Versuch, den Schüler vom »Oben nach unten«-Schlagen abzuhalten, sieht sich der Golflehrer mit dem Problem konfrontiert, die technischen Hintergründe so darzulegen, daß sie vom Schüler in der Kürze einer Unterrichtsstunde erfaßt werden können.

Ich habe hierfür fünf Lehr-Methoden, die bislang stets zum erwünschten Erfolg führten.

Die erste – und einfachste – ist, den Schüler den Ball eine Weile mit der Schlägerkopfspitze schlagen zu lassen.

Die zweite – ebenfalls einfache – ist, zwei Bälle im Abstand von fünf Zentimetern zu plazieren. Der Schüler muß dann den ihm näheren Ball schlagen, ohne den anderen zu treffen.

Eine dritte – immer noch einfache – Methode ist, einen Schläger etwa dreißig Zentimeter hoch über den Boden zu halten. Der Schüler muß unter diesem hochgehaltenen Schläger durchschwingen.

Die erfolgversprechenste Methode ist, dem Schüler das Hooken beizubringen. Dies verlangt nach einem stärkeren Griff, bei dem beide Hände in übertriebener Weise nach rechts gedreht werden. Es ist dabei erst einmal egal, wo der Ball landet. Es ist mir auch egal, ob es sich um einen gepullten Hook oder einen Quick-Hook handelt. Hauptsache, der Schüler lernt einen Hook.

Beim Hook gilt es, im Rückschwung den linken Unterarm nach rechts zu drehen. Manche Schüler verstehen das so, daß sie den ganzen Arm drehen. Dadurch wird die Schlagfläche aber schon im Rückschwung geöffnet und erst durch eine »Rück-Drehung« des linken Arms und der linken Hand nach links (die rechte Hand dreht automatisch mit) wieder geschlossen. Es entstehen zunächst die krümmsten Hook-Schläge, die Sie je gesehen haben, für die der Schüler aber von innen zum Ball schwingen muß. Wenn der Schüler erst in der Lage ist, bewußt Hooks zu schlagen, dann gehören seine »Von oben nach unten«-Schläge meistens der Vergangenheit an. Natürlich gilt es dann noch, den Hook wieder zu kurieren. Was allerdings im Vergleich zum vorherigen Schwung-Problem eine relativ einfache Aufgabenstellung für Lehrer und Schüler ist.
Die fünfte Methode ist eine Übung im Zeitlupen-Tempo. Sie ist jedoch so komplex, daß ich ihr ein eigenes Kapitel widmen werde.
Ich habe all diese Methoden anläßlich eines PGA-Seminars vorgetragen, wobei eine Kellnerin, die niemals zuvor Golf gespielt hatte, den Schüler mimte. Als ich bei der vierten Lösung angelangt war und den Seminar-Teilnehmern gerade erklärte, wie man den Slice durch das bewußte Hooken kurieren kann, unterbrach mich die Kellnerin. »Mister Penick«, rief sie erbost aus »ich bin keine Hooker!«.
Wie hatte ich nur vergessen können, daß im amerikanischen der Begriff »Hooker« auch für eine Arbeiterin im ältesten Gewerbe der Welt steht!

Hypnose

Während eines PGA-Lehrgangs in Kalifornien bat mich ein guter Spieler, der plötzlich viele Slices schlug, um Hilfe. Wir wurden dabei von schätzungsweise vierzig Pros beobachtet.
Ich änderte seinen Griff geringfügig, ehe ich sagte: »Dieser Mann hat einen so guten Schwung, daß er den Ball mit geschlossenen Augen schlagen kann«.

Ich ließ ihn zwei Probeschwünge ohne Ball machen, wobei er sich nur auf das Treffen des Tees zu konzentrieren hatte. Dann legte ich einen Ball auf das Tee. »Nun mach' den gleichen Schwung mit geschlossenen Augen« befahl ich dem Schüler. Er schlug einen wunderbaren Ball, mit einem ganz leichten Hook am Flugende.
Worauf einer der Beobachter meinte: »Gib's zu, Harvey. Du hast diesen Mann hypnotisiert«.

Die Übung im Zeitlupen-Tempo

Die Zeitlupen-Übung können Sie auch zu Hause machen. Sie verlangt zwar nach vielen Wiederholungen und erfordert deshalb umso mehr Geduld. Aber die aufgewendete Zeit wird sich auf dem Golfplatz bald bezahlt machen.
Mickey Wright machte die Zeitlupen-Übung sehr oft. Diese Trainings-Methode ist wahrscheinlich auch das beste Allheilmittel für alle nur erdenklichen Schwung-Probleme. Und – Sie können diese Übung überall und zu jeder Zeit machen. Zu Hause, bei schlechtem Wetter oder auch bei Nacht.
Wenn ich hier von der Zeitlupen-Übung spreche, so meine ich ein wirklich langsames Schwingen mit wirklich langsamen Bewegungen. Schon, wenn Sie das Gefühl haben, im Zeitlupen-Tempo zu schwingen, dann versuchen Sie es bitte immer noch mal eine Stufe langsamer.
Schwingen Sie den Schläger extrem langsam bis zum Ende des Rückschwungs. Halten Sie dabei Ihre Augen stets auf etwas gerichtet, das in Ihren Gedanken den Golfball darstellt. Schlimm wäre es, wenn Sie im Rückschwung Ihrem Schläger nachschauen, ein Fehler, den es auf dem Platz tunlichst zu vermeiden gilt. Ein Fehler, den Sie allerdings Gefahr laufen, sich bei der Zeitlupen-Übung anzugewöhnen.
Am Ende des Rückschwungs angelangt, pressen Sie Ihre linke Ferse fest an den Boden und bringen Sie gleichzeitig Ihren rechten Ellbogen nahe an Ihren Körper. Wobei, wie gesagt, jedes Bewegungselement sehr, sehr langsam umgesetzt werden sollte.

Leiten Sie nun den Abschwung ein – und stoppen Sie nach ungefähr einem Drittel des Weges zum Ball. Versuchen Sie nun, Ihren Schläger zu fühlen.
Starten Sie aus dieser Position heraus erneut in den Rückschwung – und wiederholen Sie die bisherige Bewegung. Schwingen Sie also erneut bis zum höchsten Punkt des Rückschwungs, drücken Sie die linke Ferse fest auf den Boden, bringen Sie den rechten Ellbogen möglichst nahe an den Körper und halten Sie nach etwa einem Drittel des Weges zum Ball den Schwung erneut an.
Wiederholen Sie die bisherige Übung viermal. Werden Sie nicht ungeduldig und beschleunigen Sie auf keinen Fall Ihren Bewegungsablauf. Denken Sie vielmehr daran, daß »Langsam« momentan das Schlüsselwort heißt, das zum Erfolg führt.
Nach der vierten Wiederholung können Sie den ganzen Schwung vollenden. Schwingen Sie – immer in Zeitlupe – mit nach vorne gerichteten Ellbogen bis zum höchsten Punkt des Durchschwungs. Heben Sie dann langsam den Kopf, als wollten Sie einem gelungenen Schlag hinterherblicken. Bleiben Sie in dieser Position und fühlen Sie sie!
Machen Sie die Zeitlupen-Übung wieder, wieder und wieder. Sie läßt Ihnen die Schwungbewegung mit der richtigen Gewichts- und Unterkörperverlagerung nach links in Fleisch und Blut übergehen. Fortan werden Sie mit abgewinkelten Handgelenken den Schläger von innen zum Ball schwingen.
Ihr Unterbewußtsein und Ihre Muskulatur werden nach regelmäßigen Wiederholungen der Zeitlupen-Übung den gleichen Bewegungsablauf wiederholen, wenn Sie auf der Driving-Range Bälle schlagen. Gleichzeitig werden Sie zu einem besseren Schwung geführt, weil im Zeitlupen-Tempo keine Fehler gemacht werden können.

Pudere den Ball

Ob beim Putter, beim Eisen oder beim Driver – viele Durchschnittsgolfer wissen nicht, an welcher Stelle der Schlagfläche sie den Ball treffen. Dabei ist es ganz einfach, dies herauszufinden.
Nehmen Sie eine Dose Puder mit auf die Driving-Range oder auf das Putting-Grün. Pudern Sie dann den Ball, ehe Sie ihn schlagen. Nach dem Schlag wird Ihnen der erste Blick auf die Schlagfläche die Antwort geben.

Die Position des Balles

Neben dem Griff ist die Position des Balles für das Gelingen eines Schlages von maßgeblicher Bedeutung. Denn Fehler im Griff oder in der Positionierung des Balles werden vor der eigentlichen Schwungbewegung gemacht, und können so den Erfolg des Schlages vereiteln, noch ehe der Schwung überhaupt begonnen hat.
Viele Lehrer plädieren dafür, den Ball bei allen Schlägen auf Höhe der linken Ferse zu plazieren. Mit dieser Ansicht stimme ich nicht überein. Sie mag stimmen, wenn ein guter Spieler aus einer schlechten Lage spielen muß. Ein Durchschnittsgolfer aber muß beim normalen Schlag mit dem Eisen 9 sehr schnell mit der Hüfte arbeiten, um den Ball noch in der Abwärtsbewegung zu treffen.
Daher sind der Driver und das Holz 3 vom Tee die beiden einzigen Schläger, bei denen ich den Ball auf Höhe der linken Ferse plaziere.
Denn mit diesen beiden Schlägern soll der Ball ja entweder am tiefsten Punkt des Schwungs oder gar erst nach Beginn der Aufwärtsbewegung getroffen werden.
Bei allen anderen Schlägern sollte der Ball progressiv in Richtung Mitte des Standes zurückplaziert werden. Um Ihnen hierzu einen Anhaltspunkt zu geben: Das Eisen 9 wird von der Mitte des Standes aus geschlagen.

Wenn Sie nicht wissen, wo der Ball mit welchem Eisen bei der Ansprache plaziert sein sollte, dann machen Sie ein paar Probeschwünge mit unterschiedlichen Ball-Positionen. Beobachten Sie dabei genau, wo der Schlägerkopf den Rasen berührt. Eine andere Möglichkeit ist, das Schlägerblatt »square« zum Ball zu stellen und den Schläger so zu greifen, wie er vom Hersteller konzipiert und entwickelt wurde. Mit anderen Worten: Stellen Sie den Schläger einfach so hin, wie er gebaut ist!

Der Schwung mit dem Eimer

Um den Golfschwung einzuleiten, brauchen Sie irgendeine Form von Vorwärtsbewegung (»Forward Press«).
Um eine gute bildliche Vorstellung der Vorwärtsbewegung zu bekommen, empfehle ich meinen Schülern immer, einen mit Wasser gefüllten Eimer in die Hände zu nehmen, wobei der Eimer an den beiden Außenseiten gehalten wird. Wenn Sie nun einen Golfschlag nachahmen, werden Sie den Rückschwung niemals vom toten Punkt aus starten. Vielmehr werden Ihre Hände, Hüften, Schultern und Beine zunächst etwas nach vorne rücken (wenngleich vielleicht nur ein minimales Stückchen). Die Körperdrehung wird dadurch ebenso eingeleitet wie die Verlagerung des Gewichts auf den rechten Fuß.
Je weiter der Eimer nach hinten geschwungen wird, desto mehr werden Ihre Hände der Drehung folgen. Gleichzeitig werden Sie Ihre linke Ferse etwas anheben. Je fester Sie den Eimer umklammern, desto schneller werden Sie drehen. Greifen Sie den Eimer hingegen leicht und locker, so wird das Resultat eine langsame und freie Drehung sein. Sie werden den Eimer auch nicht mit den Händen werfen, um ihn in seine Ausgangsposition zurück zu bringen. Vielmehr werden Sie Ihr Gewicht über die linke Hüfte zurück auf den linken Fuß verlagern. Und im Ab- sowie Durchschwung wird Ihr Oberkörper von Natur aus hinter dem Eimer bleiben.
Sie werden die freigesetzte Energie sehen, wenn das Wasser im Abschwung aus dem Eimer spritzt.

Chuck Cock, ein Lehrer, den ich sehr schätze, läßt sogar mit dem Eimer durchschwingen. Wobei er die Theorie vertritt, daß der Ball in die Richtung geflogen wäre, in der das Wasser aus dem Eimer spritzt. Wenn es also nach links spritzt, wäre das Resultat ein Hook oder Draw gewesen. Spritzt es aber nach rechts, dann läge der Ball jetzt am Ende eines Slice- oder Fade-Schlages.

Die Eimer-Übung kann ich wirklich empfehlen. Sie ermöglicht eine gute bildhafte Vorstellung dessen, welche Kräfte auf den Golfschwung einwirken – oder einwirken sollten. Aber denken Sie immer daran: Übertreiben Sie nichts. Ganz getreu dem Motto: Nimm' nicht die ganze Schachtel Aspirin, sondern nur eine Tablette.

Die Sense

Es gibt unzählige Schwung-Übungs-Geräte. Das meiner Meinung nach beste bekommt man aber nicht im gutsortierten Pro-Shop, sondern in jedem noch so kleinen Werkzeugladen. Sofern man es nicht sowie schon im Werkzeug-Schuppen stehen hat. Ich spreche von der Sense.

Vor vielen Jahren schickte mir Victor East, das Entwicklungs-Genie hinter allen Spalding-Schlägern, sechs Sensen. Und sechs an Wild Bill Mehlhorn, der in einem Club in Florida lehrte. Mehlhorn schickte die Sensen nach einigen Wochen mit der Bemerkung zurück, sie würden ihm das Geschäft verderben. Denn Schüler, die sie benützten, bräuchten ihn nicht mehr.

Die Bewegung, wenn der Löwenzahn mit der Sense entfernt wird, ist genau die gleiche, wie wenn Sie durch den Ball schwingen.

Ganz nebenbei bemerkt: Sensen sind schwere Instrumente, die die Golfmuskeln auf ideale Weise trainieren.

Wenn Sie aber mit der Sense hantieren, dann stellen Sie sich bitte vor, Sie würden nach Stunden bezahlt. Und nicht nach erledigter Arbeit. Mit anderen Worten: Lassen Sie sich Zeit.

Die Stellung der Füße

Die meisten Spieler, viele Experten eingeschlossen, haben nicht erkannt, welch große Unterschiede in der Länge des Schwungradius durch die Fußstellung hervorgerufen werden. Probieren Sie es doch selbst mal aus. Nehmen Sie einen normalen Stand ein und drehen Sie bis zum höchsten Punkt Ihres Rückschwungs. Schauen Sie nun in den Spiegel.

Setzen Sie erneut zum Schwung an, wobei Sie diesesmal Ihren linken Fuß etwas mehr nach außen, entlang der imaginären Linie eines herausgeschnittenen Tortenstücks, drehen. Machen Sie den selben Rückschwung wie vorher und blicken Sie erneut in den Spiegel. Sie werden es sofort erkennen: Ihr Rückschwung ist nun um einige Zentimeter kürzer.

Beim dritten Schwung lassen Sie Ihren linken Fuß in der gewohnten Position. Dafür verändern Sie den rechten Fuß so, daß er gerade zum Ball steht. Ihr Rückschwung wird erneut um einige Zentimeter kürzer sein als beim normalen Stand.

Bei vielen Spielern ist der linke Fuß nach außen gespreizt und der rechte Fuß gerade oder gar nach innen ausgerichtet. Eine Kombination, die den Rückschwung garantiert dramatisch verkürzt. Viele Durchschnittsspieler übernehmen diesen Stand, weil sie glauben, damit den Pros etwas Gutes abgeschaut zu haben. Sie werden sich wundern, wie kurz Ihre Körperdrehung plötzlich ist.

Die Fußausrichtung hat zwar keine unmittelbare Auswirkung auf die Flugrichtung des Balles. Aber sie ist immens wichtig für die Länge des Schwungradius.

Die Drehung

Eigentlich ist die Drehung weg vom Ball beziehungsweise durch den Ball sehr einfach. Sie wurde jedoch im Laufe der Jahre durch verschiedenartigste Lehrmethoden und deren individuelle Auslegungen verkompliziert.

Horton Smith hat schon recht, wenn er sich auf das bekannte amerikanische Kinderlied bezieht, in dem es da heißt: »Der Knöchel ist verbunden mit dem Knie, das Knie mit der Hüfte, die Hüfte mit dem Rückgrat und das Rückgrat mit der Schulter – nun höre auf das Wort des Herrn.«

Machen Sie die Drehung also nicht schwieriger, als sie ist – und führen Sie sie wie folgt aus: Stellen Sie sich mit leicht angewinkelten Knien und auf den Ball gerichteten Augen aufrecht hin. Denken Sie an den Schwung mit dem wassergefüllten Eimer und an die Vorwärtsbewegung (»Forward Press«), die den Golfschwung einläutet. Drehen Sie Ihren Körper nach rechts, wobei Sie das Gewicht leicht auf den rechten Fuß verlagern und die linke Ferse etwas (ca. drei Zentimeter) anheben. Eigentlich ist die Bewegung ähnlich der Körperhaltung, wenn man jemanden guten Tag sagt, der rechts von einem steht.

Lassen Sie Ihre Arme natürlich schwingen, bis der Schläger hinter Ihnen parallel zur Ziellinie zeigt. Nun verlagern Sie Ihr Gewicht wieder zurück auf den linken Fuß, wobei Sie gleichzeitig beginnen, Ihren rechten Ellbogen entlang Ihrer rechten Körperseite zurückzuschwingen. Diese Schwung-Fortsetzung ist ganz so, als ob Sie jemanden guten Tag sagen würden, der links von Ihnen steht.

Sie werden über Ihren Schwung, die Drehung Ihres Körpers und die Stellung der Schulter im Vergleich zur Hüfte sehr viel lesen und hören. Aber nicht von mir! Ich habe viele Spieler gesehen, die so auf ihre Hüfte konzentriert waren, daß sie die Hauptsache, nämlich den Schläger zu schwingen, ganz vergaßen. Denken Sie also nur an eines: Die Drehung ist die natürliche Bewegung eines Körpers, dessen Knochen von unten nach oben miteinander verbunden sind.

Kurzfristige Ernüchterung

In unserem Hotelzimmer ging ich, relativ nervös, noch einmal meine Notizen für ein Referat vor meinen PGA-Golflehrer-Kollegen durch. Ich fühlte mich nicht wohl in meiner Haut. Ich, ein ehemaliger Caddie, sollte vor den besten Lehrern der Welt eine Rede halten.
»Stell' Dir nur vor« wandte ich mich an meine Frau Helen, »unter all den großen Lehrern haben sie mich für dieses Referat ausgewählt. Wieviele Leute glaubst Du, daß anwesend sein werden?«. Meine geliebte Frau schaute von ihrem Buch auf: »Ich weiß zwar nicht, wieviele große Spieler da sein werden, Harvey. Aber wahrscheinlich ist es einer weniger, als Du denkst«.

Grundsätze

Jack Burke sen. veröffentlichte 1943 nachfolgende Liste der »Grundsätze des Golfschwungs«. Sie löste eine große Diskussion unter Spielern und Golflehrern aus, an der auch ich mich beteiligte.

1. Die Handgelenke spielen im Golfsport nur eine untergeordnete Rolle. Die Schwungkraft entsteht durch das Kreuzen der Unterarme.
2. Ein von der Ideallinie abweichender Schlägerkopf verursacht mehr schlechte Schläge, als irgendein anderer Schwungfehler.
3. Mit einem korrekt zurückgeschwungenen Schläger kann kein schlechter Schlag gemacht werden.
4. Es gilt, sich vorzustellen, der Ball bestünde aus zwei Hälften. Gespielt wird nur mit der inneren Hälfte, die äußere sollte möglichst unangetastet bleiben.
   Dies ist zuviel des Guten, woran man denken sollte. Schlagen Sie einfach den Ball!

5. Der Ball muß sauber geschlagen werden. Hacken Sie ihn nicht!
6. Stellen Sie sich einen guten Schlag vor, der auf der Ideallinie zum Ziel fliegt.
7. Fest miteinander verbundene Hände vereinfachen den Golfschwung ungemein.
8. Versuchen Sie insbesondere, das Tee unter Ihrem Ball wegzuschlagen. Dies hilft Ihnen, gerade durch den Ball zu schwingen.
   Auch ich habe mich immer wieder dieses Tee-Gedankens bedient. Nach dem einfachen Motto: »Denken Sie weniger an den Ball, als daß Sie versuchen, das Tee wegzuschlagen«.
9. Der Ball ist nicht das eigentliche Objekt des Schwungs, sondern etwas, das auf der Schwunglinie liegt.
10. Versuchen Sie nicht, den Ball hoch zu schlagen. Hierfür ist die Schlagfläche Ihres Schlägers schon richtig konzipiert.
11. Zu früh in den Boden schlägt man, wenn das Gewicht auf dem hinteren Fuß lastet. Wenn das Gewicht auf dem vorderen Fuß ruht, ist dies nicht möglich.
12. Verkrampfungen behindern das Durch-den-Ball-Schwingen. Halten Sie Ihre Hände beisammen, dies erleichtert die Bewegung zum Ziel.
13. Malen Sie sich Ihren Schlag so, wie Sie ihn gerne hätten, zuvor in Ihren Gedanken aus.
14. Ihre Füße können sich durchaus in Richtung Flugbahn mitbewegen. Lassen Sie sie auf keinen Fall fest am Boden verankert.
15. Der Socket ist das Resultat eines von außen getroffenen Balles. Legen Sie zwei Bälle etwa sechs Zentimeter voneinander entfernt und versuchen Sie, den Ihnen näheren zu schlagen, ohne den äußeren Ball zu berühren. Wenn Ihnen dies gelingt, sind Sie vom Socket geheilt.
   Hiermit kann ich mich nicht einverstanden erklären. Mehr dazu jedoch im Kapitel »Der Socket«.

16. Sparen Sie sich etwas Kraft auf, Sie werden sie bis zum 18. Grün sicherlich noch brauchen. Legen Sie daher nicht »alles, was Sie haben« in den Schwung.
17. Schwingen Sie den Schläger in die Richtung, in die der Ball fliegen soll.
18. Sehr wichtig ist der volle Durchschwung. Ohne ein gutes Finish kann die Flugbahn des Balles nur mit Glück gerade gehalten werden.
19. Spielen Sie mit einem bestimmten System. Verlassen Sie sich nicht auf das Glück und den Zufall.
20. Das Schließen der Schlagfläche bewirkt das Toppen des Balles. *Meiner Meinung nach resultiert das Toppen aus dem Durchdrücken der Kniegelenke.*
21. Ein Slice ist das Resultat, wenn die Hände dem Schlägerkopf vorausgehen. Verkrampfung ist dabei die häufigste Ursache, die die Schlagfläche für den Treffmoment nicht schnell genug werden läßt.
22. Jemand, der sliced, kann sein Spiel nicht mehr verbessern, denn je mehr Kraft er in den Schlag setzt, desto mehr Slice wird er dem Ball mit auf den Weg geben.
23. Auch aus schlechten Lagen gilt es den Ball zu schlagen, statt ihn zu hacken.
24. Seien Sie ehrlich gegenüber sich selbst. Erfahrungen, die Sie in sechs Monate mühsam sammeln, kann Ihnen Ihr Golflehrer in nur einer Unterrichtsstunde vermitteln.
25. Schlagen Sie erst den Ball, dann den Boden. Dadurch können Sie sicher sein, unter den Ball zu kommen.
26. Nehmen Sie den Schläger mit der rechten Hüfte zurück und bringen Sie ihn mit der linken Hüfte wieder nach vorne.
27. Halten Sie Ihre rechte Schulter so lange wie nur möglich hinten. Dies erleichtert es Ihrer linken Körperseite, voll durchzuschwingen.
28. Halten Sie den Schlägerkopf etwas über den Boden, wenn Sie zu Verkrampfungen neigen.
29. Führen Sie die Hände im Rückschwung etwas vor dem Schlägerkopf nach hinten.

Der Mythos vom perfekten Schwung

Der perfekte Schwung, nach dem alle Golfer trachten, sähe wie folgt aus:
Stellen Sie sich einige Schritte hinter den Ball und schauen Sie sich die Ziel- und Fluglinie an. Gehen Sie dann zum Ball und greifen Sie den Schläger. Richten Sie die Schlagfläche zum Ziel aus und nehmen Sie den entsprechenden Stand ein.
Wackeln Sie noch ein-, zweimal mit den Handgelenken, ehe Sie den Schläger hinter dem Ball aufsetzen. Machen Sie während des »Wackelns« auch eine kleine Vorwärtsbewegung (»Forward Press«), ganz so, als ob Sie mit dem Eimer in der Hand nach vorne durchschwingen würden.
Der Schläger wird zunächst entlang des Bodens geführt. Die vordere Kante der Schlagfläche zeigt dabei zum Himmel, Ihre linke Ferse hebt sich langsam etwas vom Boden. Führen Sie den Schläger bis zum höchsten Punkt des Rückschwungs. Ihre Ellbogen liegen nun vor dem Körper, die Schlägerkopf-Spitze zeigt zum Boden. Ihre linke Ferse geht wieder zum Boden, während Ihr rechter Ellbogen entlang der rechten Körperseite zum Ball schwingt. Das Gewicht verlagert sich nun nach links. Die Unterarme kreuzen sich. Der Kopf bleibt hinter dem Ball, bewegt sich vielleicht sogar noch etwas vom Ball weg. Im Finish liegen Ihre Unterarme genau vor Ihnen. Ein gutes Finish ist dabei der optische Beweis für die vorangegangene gute Bewegung.
Ganz wichtig: Heben Sie Ihren Kopf langsam und blicken Sie Ihrem gut getroffenen Ball nach.
Im Durchschwung ist der rechte Fuß lediglich dazu da, Sie nicht das Gleichgewicht verlieren zu lassen. Wenn Sie während des perfekten Schwungs das Gleichgewicht verloren haben sollten, so resultiert dies wahrscheinlich aus einer zu lockeren oder einer zu steifen Schlägerhaltung, oder aus Beidem!
Üben Sie den perfekten Schwung ohne Ball zu Hause in Zeitlupe.

Vergewissern Sie sich, daß Sie im Rückschwung den Schlägerkopf nicht ansehen oder ihm gar nachblicken. Setzen Sie sich für jeden Zeitlupen-Schwung ein Ziel auf dem Boden. Zwingen Sie sich, den bevorstehenden Schlag jedesmal erst von hinten zu betrachten. Trainieren Sie sich dies schon bei Ihrer Trockenübung auf dem heimischen Teppich an.
Machen Sie jeden Abend zehn bis zwanzig dieser perfekten Schwünge. Dies kräftigt Ihre Muskeln und läßt Ihnen den Schwungablauf in Fleisch und Blut übergehen. Benutzen Sie für die Übungsschwünge einen schwereren Schläger. Dies steigert die Wirksamkeit der Übung.

Eins nach dem anderen

Ein Gast aus New York kam eines Tages auf unsere Clubanlage. Er fragte nach »diesem berühmten Lehrer, von dem er schon soviel gehört hätte, namens Penick«. Ich erkundigte mich, was ich für ihn tun könne.
»So ein großer Lehrer wie Sie kann mir doch sicherlich beibringen, wie ich aus dem Bunker komme«, meinte er. »Immer langsam« bremste ich ihn. »Natürlich kann ich Ihnen beibringen, wie Sie aus dem Bunker kommen. Aber erst einmal bring' ich Ihnen bei, wie Sie gar nicht erst reinkommen.«

Der schönste Schwung

Den schönsten Schwung, den ich je gesehen habe, hatte wohl MacDonald Smith.
Smith wurde in Carnoustie geboren und erlernte das Golfspiel in seiner schottischen Heimat. 1926 gewann Smith die Texas Open, die Dallas Open, die Metropolitain Open und die Chicago Open. Ich trug mich zu jener Zeit mit dem Gedanken, auf die Tour zu gehen und nutzte daher jede Gelegenheit, Smith zu beobachten.
Sein Schwung war ebenso kräftig wie harmonisch. Ich wüßte nicht, wie ich ihn anders beschreiben sollte, als daß sein

Schwung ebenso wenig in einzelne Teile zerfiel, wie aus einem guten Gedicht einzelne Zeilen zitiert werden können. Auch nach 1926 gewann Smith noch so viele Turniere, daß er in die Hall of Fame (Ruhmeshalle) der amerikanischen PGA aufgenommen wurde. Allerdings konnte er nach der Texas Open 1926 kein großes texanisches Turnier mehr für sich entscheiden.

»Schuld« daran hatte die große Depression, die auch große Auswirkungen auf unsere Plätze hatte. Wurde ihnen doch nur noch wenig Wasser zugeteilt – und dabei war es üblicherweise eigentlich schon zu wenig. Dadurch spielte man in Texas von vielen schlechten Lagen. Was bedeutete, daß der Ball von oben getroffen werden mußte. Smith aber schlug nicht auf den Ball, sondern fegte ihn vom Boden, ohne auch nur den kleinsten Divot-Ansatz zu hinterlassen. Bei Golf-Demonstrationen konnte er sogar ein Eisen 2 vom Putting-Grün schlagen, ohne auch nur ein Grashälmchen zu gefährden. Wir pflegten zu sagen, daß er wohl auch von einem Altar spielen könnte, ohne das heilige Tuch zu berühren.

Mit diesem Schwung hatte man auf den texanischen Plätzen jener Tage keine Sieges-Chance mehr. Dieser Schwung kostete ihn auch den British Open-Sieg 1930. Dabei lag er während der 36 Löcher des Finaltages zur Halbzeitpause noch in Führung – und wurde von den Buchmachern als 5:1-Favorit gehandelt.

Später erzählte mir Smith, daß er es während der Nachmittagsrunde immer mit schlechten Lagen und heruntergetrampeltem Boden zu tun bekam. Doch erst nach einer Weile wurden ihm die Hintergründe klar. Die um ihre Erträge fürchtenden Buchmacher gingen vor ihm her und zertrampelten dadurch den Boden, um seine Gewinnchancen zu beeinträchtigen.

Sieger dieser British Open wurde Bobby Jones.

Das Spiel aufs Ziel

Über die Jahre hinweg verpflichtete man mich immer wieder für Golf-Demonstrationen oder PGA-Lehrgänge.
Bei einem PGA-Lehrgang führte ich den Schlag mit dem langen Eisen aus dem Fairway-Bunker vor. Mit dem Eisen 4 visierte ich einen 170 Meter entfernten Baum. Mein Schlag landete knappe eineinhalb Meter vom Ziel entfernt.
»Könntest Du das auch mit einem Holz« wurde ich daraufhin gefragt. Ich hatte zuvor selten versucht, mit dem Holz aus dem Bunker zu schlagen. Aber ich nahm die Herausforderung an. Nach dem Schlag hörte ich jemanden sagen: »Er hat nicht nur den Baum getroffen, er hat auch noch die Öffnung zwischen den Zweigen erwischt.«

Die magische Bewegung

Wenn es im Golfschwung so etwas wie eine magische Bewegung gibt, so ist es jene, die ich sowohl auf der Driving-Range als auch in diesem Buch immer wieder beschreibe. Auf die Gefahr hin, mich zu wiederholen, möchte ich es an dieser Stelle noch einmal sagen: Mit Beginn des Abschwungs heißt es, das Gewicht nach links zu verlagern und den rechten Ellbogen an den Körper zu bringen.
Dies sind nicht zwei Bewegungen, sondern eine einzige. Üben Sie diese Bewegung immer und immer wieder, auch ohne Schläger. Üben Sie sie, bis Sie ein Gefühl für den Rhythmus haben. Und üben Sie sie auch weiter, wenn Sie den Rhythmus gefunden haben.
Stellen Sie sicher, daß Ihre Augen stets auf den Ball gerichtet sind und Ihr Kopf hinter dem Ball bleibt.
Ich habe viele Bücher und Magazine gelesen, die das Geheimnis der Golfbewegung lüften wollten. Dieses Geheimnis präsentiert sich aber für jeden Spieler anders. Für Ben Hogan ist es beispielsweise eine »nach vorne verbeugende« Bewegung, gleich derer, einem anderen Menschen die Hand zu geben. Für

Byron Nelson hingegen ist es eine Bewegung der »seitlichen Verschiebung, bei der man sich nicht nach vorne verbeugt«. Es gibt sie wirklich nicht – die eine einzig-gültige »Magische Bewegung«.

Aber wenn Sie die »linker Fuß-rechter Ellbogen«-Bewegung beherrschen, werden Sie den Ball schlagen, als wäre es magische Zauberei.

Das Üben des vollen Schwungs

Entscheiden Sie sich für ein Eisen 6, 7 oder 8 – je nachdem, zu welchem Schläger Sie das größte Vertrauen haben. Und machen Sie dann achtzig Prozent aller Ihrer Übungsschläge mit diesem einen Schläger. Ich möchte nämlich, daß Sie ein immer größeres Vertrauen in Ihren Golfschwung entwickeln. Und der beste Weg zu einem größeren Schwungvertrauen ist nach meiner Erfahrung das Üben mit einem Schläger, dem Sie vertrauen.

Ein Spieler mit hohem Handicap, der gute Eisen 7-Schläge macht, kann sein ganzes Spiel um diesen Schlag herum aufbauen. Auch, wenn er an einer Par-4-Bahn erst nach dem zweiten Schlag in Eisen-7-Höhe liegt, so hilft – und beruhigt – ihm die Gewißheit, daß der nächste Schlag sicher auf dem Grün sein wird. Das Bogey ist damit sehr gut abgesichert, obgleich es nach den ersten beiden Schlägen gar nicht so sehr danach aussieht.

Der volle Schwungradius mit dem Eisen 7 ist übrigens beinahe ebenso lang wie der mit dem Driver. Es ist einzig der Unterschied in Länge und Lie-Winkel (Winkel zwischen Schaft und Schlägersohle), der den Schwungradius des Drivers weitaus länger erscheinen läßt als den des kürzeren Eisens. Der Hauptunterschied zwischen dem Schwung mit dem Eisen 7 und dem mit dem Driver liegt darin, daß der Driver kurz nach dem tiefsten Schwung-Punkt (oder gar am tiefsten Punkt des Schwungs) getroffen sein will. Dies wird durch die Plazierung des Balles bei der Ansprechsposition erreicht.

Einige Lehrer lassen ihre Schüler vorrangig mit dem Eisen 3 üben. Ganz getreu dem Motto: »Wer das Eisen 3 trifft, der hat mit keinem anderen Schläger Probleme.« Dies mag stimmen. Aber in meinen Augen ist es der verkehrte Weg. Es ist viel leichter, über das Eisen 7 Schwung-Vertrauen zu entwickeln. Und mit Vertrauen in den Schwung wird dann auch das Schlagen des Eisen 3 einfacher.

Es entspricht auch nicht der Tatsache, daß niedrigere Schläger nach kräftigeren Schwüngen verlangen. Sicherlich will jeder Schläger geübt werden. Wenden Sie dabei aber nicht zuviel Zeit für den Driver auf. Er ist der am schwierigsten zu schlagende Schläger, deswegen dürfen Sie beim Abschlag ja auch den Ball aufteen.

Der Sinn des Übens ist die Verbesserung oder die Absicherung des Spiel-Standards. Der effizienteste Weg, dieses Ziel zu erreichen, ist das Üben mit einem Schläger, der die bestmöglichen Ergebnisse verspricht.

Ich sehe es nicht gerne, wenn Spieler mit hohem Handicap den Driver trainieren. Nicht nur, daß es meistens sehr unschön wirkt. Zudem wird der Golfer durch die zumeist schlechte Schlagausbeute frustriert, und der Schwung wird entsprechend schlechter. Überhaupt sollten Golfer mit hohem Handicap, ebenso wie Spieler, die nur selten oder unregelmäßig golfen, den Driver im Garderoben-Schrank lassen und mit dem Holz 3 spielen. Denn der Durchschnittsgolfer kann sein Holz 3 vom Tee relativ sicher plazieren und auch relativ weit schlagen. Was er opfert, ist der eine gute Drive, der ihm vielleicht während der Runde gelungen wäre. Und dieser eine gute Schlag ist das Risiko wahrlich nicht wert, das der Spieler bei jedem Abschlag eingeht.

Eiliges Aufwärmen

Angenommen, Sie haben vor der Runde nur wenige Minuten zum Aufwärmen. Dann nutzen Sie diese Zeit bitte für einige Chips. Da der Chip die kurze Version des vollen Schwungs ist, wird er Ihre Muskeln und Ihre Gedanken am besten auf die bevorstehenden Schläge einstimmen.

Viele der Durchschnittsgolfer eilen hingegen auf die Driving-Range, wo sie versuchen, »einige schnelle Bälle« zu schlagen. Dadurch wird zwar die Steifheit der Muskeln wirkungsvoll aufgelöst. Es besteht aber die Gefahr, sich noch vor dem ersten Abschlag das Spieltempo und den Spielrhythmus für den ganzen Tag zu verderben. Und, sofern man die »schnellen Bälle« nicht gut trifft, negative Gedanken ins Spiel einfließen zu lassen.

Andere Durchschnittsgolfer wollen es viel schlauer machen und eilen zum Putting-Grün, wo sie vor dem Aufruf des Starters möglichst viele Putts zu machen versuchen. Das ist genauso schlecht, als wenn sie auf die Driving-Range gingen. In der Eile werden sie sicherlich einige Putts am Loch vorbeischieben. Womit das Putt-Vertrauen für den Rest des Tages verloren geht.

Die beste Möglichkeit, sich in Eile aufzuwärmen und gleichzeitig gedanklich auf die Schwungbewegung einzustellen, sind daher einige sorgsam und konzentriert ausgeführte Chips.

Ein ganz besonders harter Golf-Tag wird es für Sie werden, wenn Ihnen auf dem Weg zum ersten Abschlag Ihr Büro einfällt.

Der Chip

Das Wichtigste beim Chip: Halten Sie Ihre Hände im Durchschwung bis zum Schluß vor dem Schlägerkopf oder auf dessen Höhe. Greifen Sie den Schläger so kurz, daß Ihre Hände beinahe den Schaft berühren. Beugen Sie Ihre Knie etwas, um möglichst weit unten greifen zu können. Halten Sie den Schläger nah am Körper und verlagern Sie Ihr Gewicht etwas nach links. Denken Sie daran: Sie schlagen den Ball diesmal mit den Händen und nicht mit den Ellbogen. Lösen Sie daher Ihre Ellbogen vom Körper.

Wie auch beim Putt, sollte der Rückschwung ebenso lange wie der Durchschwung sein. (Denken Sie an ein Pendel!)

Benützen Sie den Schläger mit dem niedrigsten Loft (Neigungswinkel zwischen Schlagfläche und Schlägersohle), der den Ball so früh wie möglich aufkommen läßt, um dann lang auszurollen. Bei Bergab-Lagen, schwierigen Spielsituationen, schnellen Grüns oder Gegenwind ist der Chip dem Pitch vorzuziehen. Insbesondere wenn Sie unter hohem Erfolgsdruck stehen, sollten Sie zu einem Schläger mit sehr geringem Loft greifen. Wenn ein sehr langes Ausrollen zur Fahne möglich ist, kann dies durchaus auch das Eisen 3 sein. Spielern mit hohem Handicap empfehle ich sogar, auch von außerhalb des Grüns mit dem Putter zu spielen, wann immer dies machbar erscheint. Sie werden den Ball so in der Regel näher an die Fahne bekommen, als mit einem Pitch oder Chip.

Der Putt

Wie bereits beim Chip ist es auch beim Putt von fundamentaler Bedeutung, daß die Hände im Durchschwung gerade über (beziehungsweise etwas vor) dem Schlägerkopf bleiben. Es gibt allerdings auch viele gute Putter, wie Billy Casper oder Chi Chi Rodriguez, die mit Handgelenk-Einsatz putten und den Ball geradezu nach vorne stoßen, wenn der Schlägerkopf ihre Hände überholt.

Sehe ich einen Schüler, der so puttet, dann werde ich nichts an seinem Stil ändern. Putten ist nämlich eine sehr individuelle Angelegenheit. Bobby Locke hookte sogar all seine Putts. Ich käme natürlich niemals auf die Idee, einem Schüler diesen Putt-Stil beizubringen. Aber ebenso sicher würde ich niemals Bobby Locke veranlassen, seinen Putt-Stil umzustellen.
Meine Methode, das Putten zu lehren, beruht auf einem ganz einfachen Prinzip. Lesen Sie zunächst Ihre Putt-Linie von hinten. Treten Sie dann an Ihren Ball. Nehmen Sie den Stand ein. Ihre Hände sollten leicht vor oder gerade über dem Ball liegen. Schauen Sie zunächst zum Loch und dann auf Ihre Schlagfläche. Vergewissern Sie sich, daß die Schlagfläche im rechten Winkel zur Putt-Linie steht.
Bei den nun folgenden zwei oder drei Probeschwüngen sollten Sie sich so konzentrieren, als ob Sie schon den richtigen Putt machten. Versuchen Sie dabei, das bestmögliche Gefühl für die Entfernung zu erhalten. Ich sehe es gerne, wenn der Schlag zunächst durch einen winzigen Ruck nach vorne eingeläutet wird. (Wie bei der Übung mit dem Wasser-Eimer.) Setzen Sie dann die Schlagfläche des Putters hinter den Ball. Halten Sie dabei Ihren Kopf und Ihre Augen ruhig – und wiederholen Sie Ihren letzten Probe-Putt.
Ein wesentlicher Vorteil dieser Methode ist, daß Sie ein Gefühl für den Schlag entwickeln, statt sich mit der Bedeutung des Putts zu beschäftigen.
Niemals, wirklich niemals dürfen Sie daran denken, was von dem Putt alles abhängt. Egal, ob es um den Putt zum Major-Sieg oder zum Gewinn des Zwei-Mark-Lochspiels ist. Schlagen Sie den Putt genauso, wie Sie es in der Vergangenheit sicherlich schon zehntausende von Malen getan haben. Konzentrieren Sie sich nur darauf, Ihren letzten Probe-Putt zu wiederholen. Und denken Sie auf keinen Fall an die eventuellen Konsequenzen, wenn Sie diesen Putt vorbeischieben sollten.
Beim Üben auf dem Putting-Grün sollten Sie sich immer eine ebene Stelle aussuchen. Alternativ kann es auch eine leicht bergaufführende Lage sein.

Den bekannten Spruch »Never up, never in« (»Ein zu kurzer Ball geht nie ins Loch«) mag ich überhaupt nicht. Natürlich stimmt es, daß ein Ball, der das Loch gar nicht erst erreicht, niemals reinfallen kann. Aber ebenso wenig kann ein Ball fallen, der weit über das Loch hinausrollt. Darum plädiere ich für Putts, die so rollen, daß sie »tot« am Loch zur Ruhe kommen. Diese Putts haben die größte Chance, »mit letzter Kraft« doch noch ins Loch zu kippen. Ich liebe Putts, die ins Loch schlüpfen wie eine Maus in ihr Loch. Ein zu stark gespielter Putt hingegen kann zwar das Loch treffen, dann aber seitlich abgelenkt werden. Übrigens: Es sind ebenso viele zu kurz gespielte Putts nicht ins Loch gefallen, wie zu stark attackierte. Bedenken Sie: Für einen zu kräftig geschlagenen Ball ist das Loch gerade mal 2,5 Zentimeter, für einen am Loch »verhungernden« Ball aber zehn Zentimeter breit.

Zudem ist es weitaus leichter, den zweiten Putt aus dreißig Zentimetern vor dem Loch zu lochen, als von einem Meter hinter dem Loch. Insbesondere, wenn der zu kurze Erste bergauf liegen blieb, während der zu lange bergab zurück »gezittert« werden muß.

Der Hauptgrund für einen kurz gelassenen Putt ist nicht, daß Sie den Ball zu zögerlich geschlagen haben, sondern daß Sie ihn nicht mit dem Sweet-Spot getroffen haben.

Etwas haben alle guten Putter gemeinsam. Ihr Rückschwung ist immer ebenso lang wie ihr Durchschwung.

Versuchen Sie, den Schlägerkopf flach über dem Boden zu bewegen. Konzentrieren Sie sich jedoch nicht so sehr darauf, daß Sie den eigentlichen Schlag vergessen! Bei kurzen Putts gilt es, sich auf die Linie zu konzentrieren.

Bei langen Putts hingegen sollte die zu überwindende Distanz Ihre Gedanken beherrschen.

Ich bevorzuge den Putt-Schlag, bei dem Arme und Gelenke eingesetzt werden. (Bei sehr langen Putts kommen auch die Schultern zum Einsatz, da dies erst einen längeren Rück- und Durchschwung ermöglicht.) Der Ball wird von vor der linken Ferse gespielt. Ihre Füße stehen dabei parallel zur Ziellinie.

Wenn Sie den Putter zu sehr aus der Schwunglinie nehmen, könnte dies daran liegen, daß Ihr Körpergewicht auf den Zehen lastet oder Ihre Augen nicht über dem Ball ausgerichtet sind.
Es gibt zwei sichere Möglichkeiten, festzustellen, wo Ihre Augen im Verhältnis zum Ball stehen. Entweder lassen Sie einen Ball aus Augenhöhe fallen und beobachten, wo er aufkommt. Oder Sie lassen den Putter-Schaft aus der Augenhöhe herunterhängen und überprüfen, wohin er zeigt.
Was die Schlägerhaltung betrifft, greifen Sie den Putter mit Ihrer linken Hand so, wie der Hersteller den Griff dafür entworfen hat. Die meisten guten Spieler greifen mit der rechten Hand ein wenig mehr unterhalb und bewegen die Schlagfläche rechtwinklig zur Ziellinie, indem sie die linke Hand etwas schwächen (also im Falle eines Rechtshänders die Hand ein wenig nach links drehen).
Wenn Sie den für Sie besten Putt-Stil gefunden haben, dann kommt es nur noch auf Ihre mentale Stärke an. Bleiben Sie auf jeden Fall bei Ihrem Putt-Stil.
Während der US Masters beobachtete ich einst Jacky Cupit auf dem Übungsgrün. Nach einer Weile konnte ich mich nicht mehr zurückhalten. »Jacky, darf ich Dir etwas sagen« fragte ich ihn. »Wenn ich das nicht wollte, warum hätte ich dann die ganze Zeit in Deiner Nähe geübt« antwortete er.
Seine Putts waren allesamt gepullte Hooks. Er versuchte, dies zu korrigieren, indem er seine Hände anzog. Ich empfahl daher, den Putter so zu halten, wie dies von dem Mann gewollt war, der den Griff entwickelt hatte. »Das Wichtigste ist« so sagte ich Jacky noch, »daß der Putter sich gut in Deinen Händen anfühlt«.
Jacky spielte an diesem Tag eine 67. Dies war lange Zeit die beste Runde des Tages, ehe schließlich Ben Hogan doch noch mit einer 66 ins Clubhaus kam. Jacky zeigte mir hocherfreut seine Scorekarte und meinte: »Harvey, wir haben's geschafft.« Dabei hatte ich – ehrlich gesagt – gar nichts Besonderes getan. Ich habe ihn nur auf positive Gedanken gebracht.

Immer wieder höre ich Leute über Putts mit Overspin sprechen. Meiner Meinung nach ist dieser Schlag so gut wie unmöglich. Lassen Sie mich als Beispiel hierfür auf Billard ausweichen. Um eine Billard-Kugel mit Overspin zu stoßen, muß der Spieler den Ball in dessen oberen 7/10tel treffen. Sie werden mir doch nicht erzählen, daß Sie dies bei einem Putt versuchen möchten?!?

Einen guten Putt erkennt man, wenn er geradeaus »stirbt«. Ein schlechter Putt hingegen bricht am Ende seines Rollens weg.

Putten Sie entschlossen und selbstbewußt – auch schon auf dem Putting-Grün. Entscheiden Sie, wie Sie den Putt ausführen werden. Und dann tun Sie genau das mit Vertrauen und Selbstbewußtsein. Auch wenn sich später herausstellen sollte, daß Ihre Entscheidung, wie Sie den Ball putten wollten, die falsche war.

Auch sollten Sie sich zur Gewohnheit machen, den Putter stets in der linken Hand oder in beiden Händen zu tragen. Niemals aber in der rechten Hand. Beim Putten sind Ihre linke Hand und Ihr linker Arm die Verlängerung des Putter-Schaftes. Dieses Gefühl sollten Sie bei jeder sich bietenden Gelegenheit stärken. Selbst auf der US-Tour habe ich beobachtet, daß Spieler ihren Putter mit der rechten Hand auf das Loch ausrichten. Wenn sie dann die linke Hand an den Griff legen, verändern sie automatisch die Schläger-Ausrichtung! Richten Sie daher Ihren Putter immer mit der linken Hand (oder beiden Händen) hinter dem Ball aus.

Denken Sie positiv!

Ich interessiere mich speziell für das Putten, weil zwei meiner besten Freunde die besten Putter ihrer Tage waren. Ich spreche von Horton Smith und Ben Crenshaw.

Horton Smith wandte eine empfehlenswerte Übungsmethode an. Er schlug zunächst einige Putts nur mit der rechten Hand. Als er dann ein Gefühl für den Putt hatte, legte er die linke Hand leicht auf den Schläger. Voraussetzung bei diesem Training ist allerdings, daß beide Hände zusammen agieren.

Eine gute Möglichkeit, das Putt-Gefühl zu entwickeln, ist, zunächst einen neun Meter langen Putt zu machen. Der nächste Putt sollte nur noch achteinhalb, der übernächste acht und der überübernächste siebeneinhalb Meter lang werden. Bis Sie irgendwann beim Fünfzig-Zentimeter-Putt angelangt sind.
Tragen Sie auf dem Putting-Grün kleine Wettspiele aus. Denn: Je mehr Zeit Sie auf dem Putting-Grün verbringen, desto besser wird Ihr Score.

Die Angst des Golfers vor dem Ein-Meter-Putt

Eines Tages sprach mich eine Dame vor der Kirche an. »Harvey, Ihr Spiel macht keinen Sinn« meinte sie. »Sie schlagen vom Abschlag 230 Meter weit – und das zählt als ein Schlag. Später dann schubsen Sie Ihren Ball aus einem Meter ins Loch – und das zählt genauso als ein Schlag.«
Nicht einmal die erfahrensten Golfer könnten ihr da widersprechen. Wohl auch deshalb spielte Ben Hogan in seinem Heimatclub Shady Oaks in Fort Worth sehr oft ein Spiel, bei dem überhaupt nicht geputtet wurde, dafür aber Punkte für »getroffene Fairways«, »getroffene Grüns« und dem »nächsten Ball zur Fahne« vergeben wurden.
Daß die Ein-Meter-Putts beinahe seinen Abschied von der Tour bedeutet hätten, bekannte Orville Moody mit folgenden Worten: »Ich kann einfach nicht verstehen, daß ich nach zwei insgesamt 400 Meter langen Schlägen einen Meter vom Loch entfernt liege, um dann diesen kurzen Putt vorbeizuschieben.«
Dies war allerdings, bevor Orville als erster Tour-Spieler zum extralangen Putter griff und mit einem neuen Putt-Vertrauen noch viel Geld auf der Senioren-Tour verdienen sollte. (Ich bin zugegebenermaßen etwas altmodisch, und mag daher auch den extralangen Putter nicht. Ich finde, das Putten sieht damit sehr komisch aus. Ich würde für eine Regel plädieren, nach der sich beim Putt beide Hände berühren müssen.)

Ein Spieler meines Clubs, der normalerweise so um die 85 Schläge spielte, gestand mir, daß er lieber einen 160 Meter-Schlag über ein Wasserhindernis mache, als vor einem Ein-Meter-Putt zu stehen.

Meine Lehrgänge eröffnete ich oft mit den Worten: »Vor Sie hinzutreten, meine Herren Golflehrer, kostet mich mehr Nerven, als alles andere, mit Ausnahme eines ein Meter langen, nach links brechenden Bergab-Putts auf einem schnellen Grün.«

(Manche Leser mögen jetzt darauf hinweisen, daß für einen Rechtshänder der nach rechts brechende Bergab-Putt der noch schwierigere sei. Dazu möchte ich nur anmerken, daß in den vielen Jahren, die ich Seminare vor bis zu 250 Teilnehmern gab, niemals jemand eine Diskussion mit mir darüber begann, ob ein nach links brechender Downhill-Putt nervenaufreibend sei. Tatsache ist, daß sowohl der nach links als auch der nach rechts brechende Putt sehr schwierig ist. Ich halte den nach links brechenden für den schwierigeren, weil der Spieler sich nach rechts ausrichten muß und daher dazu neigt, den Schläger zu stark von innen zum Ball zu schwingen, wodurch der Putt Linksdrall bekommt.)

Lassen Sie uns einen Moment darüber nachdenken, wie man die Furcht vor dem Ein-Meter-Putt wirkungsvoll bekämpfen kann.

Ein Durchschnittsgolfer verschiebt den Putt entweder aus Furcht oder aus Konzentrations-Mangel. Anstatt ausschließlich daran zu denken, den Putt zu lochen, denkt der Spieler an viele andere Dinge. Unter anderem an die Mitspieler oder Zuschauer, die ihn gerade beobachten. Auch macht sich der Durchschnittsgolfer bei einem Ein-Meter-Putt weniger Gedanken über die Linie als bei einem Drei-Meter-Putt. Dabei könnte der längere Putt der weitaus einfachere sein. Ein weiterer, schwerwiegender Fehler, den ich bei Durchschnittsgolfern immer wieder beobachte, ist deren Versuch, den Putt ins Loch zu lenken. Also der Versuch, den Ball durch den Break zu steuern. Der richtige – und erfolgreichere – Weg wäre, sich den Putt von hinten genau anzusehen und sich dann entsprechend der

festgelegten Putt-Linie auszurichten. Wenn ein Ball fünf Zentimeter seitlich des Loches angehalten werden muß, dann ist dies die Stelle, auf die der Spieler sich und seinen Putter ausrichten sollte. Der Versuch, den Ball ins Loch zu stoßen, hat noch selten zum gewünschten Erfolg geführt!
Machen Sie ein, zwei oder drei Probeschwünge, bei denen Sie sich ausschließlich auf die Linie konzentrieren. Verbannen Sie dabei alle negativen Gedanken aus Ihrem Kopf, ehe Sie versuchen, den letzten Probeschwung noch einmal exakt nachzuvollziehen. Richten Sie sich während des Putts nicht auf und schauen Sie dem Ball auch nicht nach. Sie haben nichts weiter zu tun, als den Putt entlang der zuvor festgelegten Linie zu rollen. Die Routine, die Sie durch diese Übung erzielen, wird Sie in Zukunft durch nichts mehr von einem Putt ablenken lassen. Negative Gedanken und Unvorsichtigkeit verursachen mehr verschobene Putts als alle anderen nur denkbaren Faktoren!
Bei einem nach links brechenden Bergab-Putt kann es sehr helfen, den Ball mit der Spitze des Putters zu schlagen. Dadurch wird der Break etwas (oder gar ganz) abgeschwächt. Wenn ich meinen Schülern diesen Trick verrate, kommt oft die – eigentlich logische – Schlußfolgerung: »Soll ich den Ball daraufhin mit dem Hinterteil des Schlägerkopfes schlagen, wenn er zur anderen Seite bricht?«. Die Antwort darauf ist nein. Ein Putt sollte niemals mit dem hinteren Teil des Schlägerkopfes geschlagen werden.
Der gerade Ein-Meter-Putt wird immer ins Loch fallen, wenn er am Sweet-Spot des Schlägerblattes getroffen wurde. Natürlich immer vorausgesetzt, daß Sie auch auf die Mitte des Loches gezielt haben.
Wenn Sie sich auf nichts anderes als die Putt-Linie konzentrieren, werden Sie den Ball auch mit der richtigen Stärke treffen.
Seien Sie insbesondere sorgsam beim Lesen der Linie kurzer Putts. Halten Sie sich an Ihren Putt-Rhythmus – und glauben Sie an das, was Sie tun.

Auch die besten Spieler der Welt haben allesamt schon mit kurzen Putts das Loch verfehlt. Aber nicht viele! Es gibt keinen Grund, warum Sie einen Ein-Meter-Putt vorbeischieben sollten.

Der Socket

Es widerstrebt mir zutiefst, das Wort »Socket« überhaupt in den Mund zu nehmen. Lassen Sie ihn uns daher stattdessen »Querschlag« nennen.

Ich hatte einen Schüler, der eigentlich ein sehr guter Spieler war, aber ganz plötzlich mit diesen Querschlägen begann. Er rief mich zu sich auf die Range und führte mir ein paar dieser Schläge vor. Da ich von seinem hohen spielerischen Können wußte, vertraute ich darauf, ihn den Weg aus dieser Golf-Misere alleine finden zu lassen. Und so bot ich ihm die Wette an, daß er keine zwölf Querschläge hintereinander schaffen würde. Er stand da – und ließ tatsächlich zwölf Querschläger aufeinander folgen. »Was nun?« fragte er der Verzweiflung nahe. »Geh' nach Hause und komm' morgen wieder« riet ich ihm.

Viele Leute glauben, daß der Querschlag durch eine stark geschlossene Schlagfläche im Treffmoment verursacht wird. Das ist aber höchst unwahrscheinlich. Denn normalerweise ist der Querschlag das Ergebnis, wenn ein Spieler einen Pull (oder das, was er für einen Pull hält) zu verhindern versucht. Auch kann es sein, daß der Ball zu weit vorne im Stand gespielt wird. Anfänger mögen zu nahe am Ball, erfahrenere Spieler zu weit vom Ball entfernt stehen.

Der Querschlag entsteht auch oft, wenn der Spieler den Kopf zu sehr unten hält. Der Kopf fällt dadurch zu weit nach unten, wodurch der Schwungradius erweitert wird, was wiederum zu einem abgewinkelten linken Arm im Treffmoment führt.

Der Querschlag kann aber auch »nur« durch eine schlechte Optik verursacht werden. In diesem Zusammenhang wird Ihnen jeder Pilot bestätigen, daß Ihr Sehvermögen von Tag zu Tag unterschiedlich gut ist.

Was aber kann man gegen den Querschlag tun?
Versuchen Sie bewußt, jedes Eisen mit der Spitze des Schlägerblattes zu schlagen, bis Sie nicht mehr socketieren. Zielen Sie auf keinen Fall nach links. Bilden Sie sich vielmehr ganz fest ein, nach rechts ausgerichtet zu sein. Legen Sie eine Papp-Schachtel oder ein Tee etwa 2,5 Zentimeter außerhalb des Balles in Richtung Ziel. Versuchen Sie nun, den Ball zu schlagen, ohne die Schachtel oder das Tee zu berühren.
Es ist beinahe unmöglich, mit einer geschlossenen Schlagfläche einen Querschlag zu machen. Versuchen Sie es einige Male, indem Sie mit einer geschlossenen Schlagfläche ganz normal auf- und durchschwingen, dabei aber die Schlagfläche bewußt geschlossen halten. Der Ball wird zwar nach links gehen. Aber ich bin mir sicher, daß es kein Querschlag sein wird.

Warum ich Golflehrer wurde

SAM SNEAD

Mitte der dreißiger Jahre hielt ich mich für einen relativ guten Spieler. Und trug mich dementsprechend mit dem Gedanken, auf die Tour zu gehen. Das war vor dem Houston Open. Ich war gerade auf dem Putting-Grün, als mich einer meiner Freunde fragte: »Harvey, hast Du schon den jungen Sam Snead gesehen? Der trifft den Ball, sag' ich Dir. Er müßte übrigens jetzt gerade abschlagen.« Ich ging zum ersten Abschlag und sah den Jungen aus West Virginia abschlagen. Ich sah es aber nicht nur – ich hörte es auch. Es klang wie ein Schuß, gefolgt von einem Ball, der wie eine Granate davonschoß. In diesem Moment wußte ich, daß meine Zukunft nicht im Touring-Pro-Dasein lag.

Der Stand

Sprechen Sie den Ball so an, als ob Sie jemandem gegenüber die Hand geben würden. Sie müssen Ihren Körper weder verdrehen noch sonst irgendeine unnötige Bewegung machen. Wenn Sie jemandem die Hand geben, müssen Sie sich ja auch nicht drehen oder weit nach vorne beugen. Was viele Anfänger jedoch bei der Ball-Ansprache tun.
Wenn Ihre Fußspitzen von Natur aus etwas voneinander wegstehen, dann können Sie sich ganz normal hinstellen. Wenn Ihre Fußspitzen hingegen von Natur aus aufeinanderzugewachsen sind, Sie also »über den großen Onkel gehen«, dann sollten Sie sie bei der Ball-Ansprache etwas »aufmachen«, also im rechten Winkel zur Ziellinie plazieren.
Hogans Fußstellung wurde von vielen guten Spielern übernommen. Sein rechter Fuß stand square zur Ziellinie, während sein linker Fuß um einige wenige Zentimeter nach außen ausgerichtet war. Durch den square, also im rechten Winkel zur Ziellinie gestellten rechten Fuß wird der Rückschwung etwas verkürzt. Der etwas nach außen gestellte linke Fuß ermöglicht eine bessere Gewichtsverlagerung im Durchschwung. Um einen längeren Rückschwung machen zu können, wird der Durchschnittsgolfer daher wahrscheinlich auch seinen rechten Fuß etwas nach außen stellen.
Um einen geschlossenen Stand zu erwirken, wird der rechte Fuß einige Zentimeter nach hinten gestellt. Achten Sie aber darauf, die Hüften und Schultern ebenfalls etwas nach hinten zu nehmen.
Viele Durchschnittsgolfer denken nämlich, daß das Zurückziehen des rechten Fußes ausreicht, um den Stand zu schließen. Wenn tatsächlich aber die Hüften und Schultern parallel zur Ziellinie ausgerichtet bleiben, so haben sie noch gar keine Veränderung erwirkt.
Für einen offenen Stand wird der linke Fuß einige Zentimeter nach hinten gestellt – ebenso wie die Hüfte und die Schulter.
Wenn Sie vor dem Ball stehen, beugen Sie Ihre Knie etwas. So,

als ob Sie sich gleich hinsetzen würden. Wenn ich meinen Schülern sage, die Knie etwas abzuwinkeln, dann beginnen sie oft, nach oben und unten zu wippen. Was wahrlich sehr amateurhaft aussieht! Allerdings greife ich auch ungern auf das Beispiel vom »sich hinsetzen« zurück. Habe ich doch die Erfahrung gemacht, daß die Schüler sich bis zur nächsten Unterrichtsstunde eine so tiefe Hocke angewöhnen, daß es tatsächlich so aussieht, als ließen sie sich gleich in einem bequemen Sessel nieder.

Fühlen Sie sich einfach bequem und entspannt, ohne irgendetwas zu übertreiben.

Wesley Ellis jun. spielte in meinem Universitäts-Team, ehe er auf die Tour ging. Er hatte die natürlichste Ansprechsposition, an die ich mich erinnern kann. Er ging mit normalen Schritten auf seinen Ball zu, blieb stehen, schlug den Ball – und hielt ihn auf diese unkomplizierte Art und Weise hervorragend im Spiel.

Wesley hatte übrigens einen Hund, der ihm stets über den Golfplatz von Brackenridge Park folgte. Der Vierbeiner setzte sich bei jedem Schlag unaufgefordert hin und hat nie einen der Mitspieler gestört. Er war wirklich ein toller Begleiter.

Eine schlechte Angewohnheit

Wenn Sie zu Beginn des Rückschwungs Ihrem Schlägerkopf mit den Augen folgen, haben Sie möglicherweise bereits alle Chancen auf einen guten Schlag vertan. Kein Fehler beim Rückführen des Schlägerkopfes ist so gravierend wie dieses Nachschauen. Es ist daher erstaunlich, wie viele Golfer diese schlechte Angewohnheit haben.

Der neue Schüler

Bevor ich mit einem neuen Schüler auf die Driving-Range gehe, führe ich mit ihm bei einer Tasse Kaffee erst einmal eine kurze Unterhaltung. Für gewöhnlich sind die Schüler ziemlich nervös. Ich versuche daher, ihnen die Angst zu nehmen und ihnen Zuversicht sowie Vertrauen zu geben. Hierfür befrage ich sie nach ihrem Spiel, ihrem Trainings-Rhythmus und ihren weiteren Zielen. Außerdem gebe ich ihnen die Worte »Jeder Fehler, der heute da draußen gemacht wird, ist mein Fehler und nicht Ihrer« mit in unsere weitere Zusammenarbeit. Wenn der Schüler über seine Schläger lamentiert, pflege ich zu sagen: »In erster Linie habe ich schuld an Ihren Schwungproblemen. In zweiter Linie Sie selbst. Und erst an dritter Stelle kann man vielleicht Ihre Schläger dafür verantwortlich machen.« Ich frage den Schüler auch, ob er lieber Eisen oder Hölzer spielt, ob er irgendwelche körperlichen Probleme hat und was er neben Golf im Leben alles so macht. Ich versuche, meine Schüler kennenzulernen, während ich sie gleichzeitig entspannen lasse. Das »Beschnuppern« dauert etwa zwanzig Minuten und findet seine Fortsetzung auf der Driving-Range.

Gesunder Wettkampf

Ben Crenshaw und Tom Kite hatten das Glück, in der gleichen Stadt aufzuwachsen und zur gleichen Zeit die Universität von Texas zu besuchen. Daher entwickelte sich zwischen ihnen von Anbeginn an eine gesunde Rivalität. Golf erlernt man nicht, indem man schwächere Spieler schlägt. Im Falle von Crenshaw und Kite kam es zu dem glücklichen Umstand, daß zwei große Golfer schon in jungen Jahren immer wieder aufeinandertrafen. Wobei es ihrem gesunden Konkurrenzkampf keinen Abbruch tat, daß sie für die gleiche Universität golfsportliche Lorbeeren sammelten.
Ben Hogan und Byron Nelson hatten das gleiche Glück. Sie

wuchsen zur gleichen Zeit in Fort Worth auf, und beide sammelten ihre ersten Golf-Erfahrungen als Caddie in Glen Garden. Schon im golfsportlichen Kindesalter wußten sie, wer ein Leben lang ihr Hauptrivale sein würde. Erst, als Byron und Ben zu jungen Männern heranwuchsen, stellten sie fest, daß es im Kampf um Sportler-Ehren einen dritten Konkurrenten gab: Jimmy Demaret, ein Spieler aus Houston.

Im Wettkampf-Golf gilt es, sich selbst treu zu bleiben. Nichtsdestotrotz versuchten damals jüngere Spieler aus Houston, Jimmy Demaret nachzuahmen, der nie um einen Witz verlegen schien und stets völlig entspannt wirkte. In Fort Worth indes kopierten die Nachwuchsspieler die Ernsthaftigkeit eines Ben Hogan und die anscheinende Emotionslosigkeit eines Byron Nelson.

Wenn Sie ein eher lustiger Typ sind, dann sollten Sie auch heiter über den Golfplatz gehen. Wenn Sie aber ein stiller, ernsthafter Mensch sind, so gibt es keinerlei Veranlassung, dies nicht auch auf dem Golfplatz zu sein.

Am College habe ich nur einen richtigen Athleten trainiert – Ben Crenshaw. Als Ben auf die Universität überwechselte, wurde zwar George Hannon sein Trainer, aber ich fühle mich immer noch als Bens Coach. Ben hätte damals in jeder Sportart eine erfolgreiche Karriere beginnen können. Umso mehr freute ich mich, als er alles andere aufgab, um sich ganz auf sein Golfspiel konzentrieren zu können.

Die meisten College-Golfer, mit denen ich im Laufe meiner Trainerlaufbahn arbeiten durfte, waren nicht so athletisch, daß sie es auch in anderen Sportarten bis zur Berufung ins Universitäts-Team geschafft hätten. Einer meiner besten College-Spieler, Morris Williams jun., konnte nicht einmal schwimmen. Sicherlich hätte er aber eine große Karriere im Golf gemacht, wäre er 1954 nicht mit einem Düsenjäger abgestürzt.

Erst als die Preisgelder auf der Tour immer höher wurden, kamen auch athletischere Burschen in die Golf-Teams der Colleges. Jack Nicklaus, dessen erster Lehrer, Jack Grout vom

Fort Worth, ein alter Freund von mir ist, war dabei einer von denen, die es auch in anderen Sportarten sicher zu etwas gebracht hätten.

Wenn ich heute bei Fernseh-Übertragungen junge Spieler wie den PGA-Champion John Daly sehe, so besteht für mich kein Zweifel, daß er auch in anderen Sportarten erfolgreich wäre. Es gibt Golfer, die mit großer Muskelkraft schwingen. Und es gibt andere, die allein durch ihre Schwungbewegung die Energie erzeugen, die hinter jedem langen Schlag steckt. Daly tut beides. Viele haben schon versucht, Dalys extrem langen Rückschwung zu ändern. Nach dem, was ich bislang von seiner Spielweise gesehen habe, hätte ich kaum Verbesserungsvorschläge.

Daß ein Golfer nicht gleich den Anschein eines Spitzenathleten erwecken muß, bedeutet nicht, daß er kein großer Wettkampf-Spieler sein kann. Billard-Spieler beispielsweise sind auch nervenstarke Wettkämpfer, wenngleich auch dies nicht immer auf den ersten Blick erkennbar ist.

Bei Football-Spielern habe ich immer wieder festgestellt, daß Außenstürmer und Verteidiger die besten Golfer abgeben. Am schwierigsten an den Golfschwung heranzuführen sind hingegen große, kräftige junge Männer. Auch Earl Campbell, der kräftige Heisman Trophy-Football-Spieler, spielt viel und gerne Golf. Allerdings hat er nie eine Stunde bei mir genommen. Wenn er zu mir käme, würde ich ihn zuerst das kurze Spiel üben lassen.

Wenn ich einen Basketball-Trainer frage, welchen Rat er seinen Spielern mit ins Match gibt, lautet die Antwort zumeist: »Bleib' Dir treu.«

Als Golf-Trainer muß ich meine Spieler sehr gut kennen, ehe ich ihnen raten kann, wie sie den Druck vor einem großen Turnier abbauen können. Einige brauchen den Druck, um zur Höchstform aufzulaufen. Andere dagegen muß man den Druck vergessen lassen können.

Fahrende Jugend

Ich bin überzeugt, daß kein junger Spieler sich zur Höchstform entwickeln kann, wenn er stets im Golf-Wagen über den Platz fährt. Jeder, der das Alter erreicht hat, um einen Schläger schwingen zu können, sollte auch in der Lage sein, über den Platz zu laufen. Denn Laufen stärkt nicht nur die Bein-Muskulatur, sondern auch das Gefühl für den Spiel-Rhythmus.
Natürlich sollte über die Golf-Jugend kein generelles Caddie-Wagen-Fahrverbot verhängt werden. Allerdings macht es mich traurig, wenn ich vier Jugendliche auf zwei Wägen aufspringen sehe.
Schon Walter Hagen empfand es als sehr wichtig, sich auf dem Platz die Zeit zu nehmen, um den Duft der Blumen und das Singen der Vögel zu realisieren. Erst Empfindsamkeit gegenüber der Golf-Umgebung ermöglicht es, die ganze Faszination des Golfsports zu spüren. Von einem Caddie-Wagen aus können Sie der Umgebung viel weniger Aufmerksamkeit schenken.

Helens Geschichte

Als wir vor sechzig Jahren heirateten, hatte Harvey bereits einen großen Namen im Golf. Schon mit 18 Jahren wurde er Head-Pro im Austin Country Club, acht Jahre später auch Trainer der Universitäts-Mannschaft von Texas. So war ich immer nur bekannt als Frau von Harvey Penick. Nur unsere Freunde kannten mich als »Helen«.
Allgemein geht man davon aus, daß »die Frau von Harvey Penick sehr viel vom Golf verstehen muß«. Nun, ich liebe zwar dieses Spiel, habe aber nie bessere Vorgaben-Sphären als 18 erreicht. Irgendwann fing ich dann an, bei Turnieren nur noch unter meinem Mädchennamen Helen Holmes anzutreten.
Ich kann mich noch gut an mein letztes Spiel mit Harvey erinnern. Es war anläßlich eines Vierballs mit Auswahldrive im

alten Austin Country Club am Riverside Drive. Dabei spielten wir gegen Martha und Peck Westmoreland von Lockhart. Schon bevor wir überhaupt abschlugen, sagte Harvey zu mir: »Helen, Peck trifft seinen Ball so bemitleidenswert schlecht. Es liegt an seinem Griff. Würde es Dir etwas ausmachen, erst einmal mit Martha im Golf-Wagen zu fahren. Dann kann ich versuchen, Peck zu helfen«. Sechs Löcher später hatte Peck zu seiner Form gefunden. Harvey kam daraufhin zu mir und meinte: »Helen, Martha hat ein echtes Putt-Problem. Würde es Dir etwas ausmachen, eine Zeitlang mit Peck zu fahren, damit ich Martha helfen kann«. Am siebten Grün benötigte Martha zwei Putts, am achten und neunten Grün jeweils nur einen.

Am zehnten Abschlag meinte ich zu Harvey: »Du hast jetzt Martha und Peck geholfen. Jetzt sag' doch bitte auch mal, was ich falsch mache.« Die Antwort »Sorry, das kann ich nicht. Ich habe Dir nicht zugeschaut« war irgendwie ernüchternd. Deswegen habe ich nie wieder mit ihm gespielt.

Manchmal gab er mir zwar Unterrichtsstunden – von denen aber keine je länger als 15 Minuten gedauert hat. Vielleicht ist aber gerade das einer der Gründe, warum wir heute auf ein so langes gemeinsames Leben zurückblicken können.

Das Lernen

Ich lerne das Lehren von Lehrern.
Ich lerne das Golfspielen von Golfspielern.
Ich lerne das Siegen von Trainern.

Es gibt viele gute Golflehrer, die recht unterschiedliche Methoden lehren. Ich höre sehr gerne jemandem zu, der anders lehrt als ich. Ich könnte ja von ihm lernen. Meine eigene Methode kenne ich doch ohnehin.

Wie sagte nicht auch der Pianist Horowitz zu seinen Schülern: »Habt keine Angst zu improvisieren. Ich werde Euch nicht lehren, sondern führen.« Als ich dieses Zitat meinem Sohn Tinsley vorlas, meinte der: »Das klingt genau nach Dir.«

Ich werde mich auch immer an die Worte meines Cousins Dr. D.A. Penick erinnern. Als er den Posten des Tennis-Trainers der Universitäts-Mannschaft von Texas an seinen Nachfolger Wilmer Allison übergab, meinte er: »Wilmer, ich weiß, daß Du aus Deinen Schülern in vier Jahren bessere Spieler machen wirst. Aber werden sie auch bessere Menschen sein? Darauf kommt es schließlich an.«

Einige Frauen in meinem Golfer-Leben

Ich hatte während meines Lebens das große Glück, Lehrer und Trainer von Spielerinnen zu sein, die insgesamt zehn US Women's Open-Titel gewannen. Zudem handelte es sich dabei um vier der zwölf Damen, die für ihre herausragenden golfsportlichen Erfolge in die exklusive Ruhmeshalle (Hall of Fame) der amerikanischen Golfspielerinnen-Vereinigung (LPGA = Ladies Professional Golf Association) aufgenommen wurden.

Ich bin sehr stolz auf diese Spielerinnen. Ebenso wie auf viele andere auch, die ich im Laufe meiner Karriere betreuen durfte. Am stolzesten bin ich aber auf die Dame, die eigens von Paris in die Staaten flog, um bei mir Unterrichtsstunden zu nehmen.

DIE DAME AUS PARIS

Sie war klein, hübsch, dunkeläugig – und sie zeigte nur bedingt eine natürliche Begabung für das Golfspiel. Ich glaube nicht, daß sie vorher schon jemals auch nur mit einem Stock auf irgendetwas geschlagen hatte.

Ich fragte sie natürlich, woher sie käme. Sie antwortete »Paris«. »Paris in Texas?« wollte ich daraufhin wissen. »Nein«, meinte sie, »Paris in Frankreich«.

Angesichts der Tatsache, daß sie nicht einmal einen Ball vom Boden wegschlagen konnte, war die weite Anreise, um Golfstunden zu nehmen, wirklich erstaunlich. Doch ihre Beweggründe waren einleuchtend. Sie wolle, so erzählte sie mir, nach ihrer Rückkehr in die Heimat mit ihrem Mann endlich auf den Platz gehen können. Sie schlug ein paar Bälle, die verdeutlichten, daß sie keinerlei Ahnung vom Golfschwung hatte.

Ich stand vor ihr und richtete ihren Schlägerschaft und ihren Griff aus. Langsam führte ich ihren Schläger dann in die Rückschwungbewegung, bis dieser parallel zum Boden stand. Gleichzeitig bat ich sie, mit ihrem Körper der Bewegung zu folgen. Bei der zweiten Rückschwungbewegung drehte sie schon ganz automatisch mit und hob auch ihre linke Ferse vom Boden an. Als ich sie durch die Abschwungbewegung führte, kehrte ihre linke Ferse auf den Boden zurück. Und nachdem ich den Schläger langsam durchschwingen hatte lassen, stand sie da mit einem recht ansehnlichen Finish, bei dem sie die Ellbogen vor dem Körper hielt.

Ich wiederholte die Schwungbewegung insgesamt fünfmal. Jedesmal mit etwas mehr Rhythmus. So brachte ich ihr den imaginären Schwung mit einem Wassereimer bei, ohne daß sie es merkte.

»Jetzt wissen Sie, wie es geht« meinte ich schließlich und teete einen Ball für sie auf. »Machen Sie nun den Schwung, den Sie gerade gelernt haben« ermunterte ich sie. »Ich möchte aber auf keinen Fall, daß Sie das Gefühl haben, den Ball treffen zu müssen. Das einzige Ziel dieser Schwungbewegung ist für Sie, das Tee zu treffen.«

Diese hübsche kleine Dame schlug den Ball mit einer schönen Flugbahn stolze siebzig Meter weit.

Ich weiß nicht, wer von uns beiden glücklicher darüber war. Sie sprang auf jeden Fall auf und küßte mich mit den Worten: »Ich bin überglücklich.«

Sie blieb eine Woche lang, in der ich ihr täglich eine Stunde gab. Danach kam der von ihr herbeigesehnte Moment. »Sie können jetzt mit ihrem Mann spielen gehen« bestätigte ich ihr. »Die ersten fünf Male teen Sie aber bitte den Ball bei jedem Schlag auf, damit Sie nicht das Gefühl haben, ihn hochschlagen zu müssen. Danach können Sie ihn spielen, wie er liegt.«

Sie kehrte nach Frankreich zurück und wurde eine rundum annehmbare Spielerin. An der Seite ihres Mannes erfreute sie sich noch viele Jahre lang des Golfsports.
Was könnte sich ein Lehrer mehr wünschen?

BETTY JAMESON

Die erste meiner Schülerinnen, die später berühmt werden sollten, war Betty Jameson. Als sie im Alter von 19 Jahren auf die Universität von Texas kam, wies sie bereits eine recht erfolgreiche Amateur-Karriere vor. Sie hatte einen interessanten Charakter, war eine hervorragende Malerin und liebte alle schönen Künste.
In der Regel holte Helen sie zum Training vom Studentenheim ab und brachte sie anschließend auch wieder nach Hause.
Betty hatte von ihren beiden ersten Trainern Tod Menefee aus San Antonio und Francis Scheider aus Dallas einen sehr guten Schwung mit auf den Weg bekommen.
Als sie zu mir kam, hatte sie aber die Tendenz, ihre Eisenschläge nach links zu pullen. Wir arbeiteten an einer besseren Kontrolle ihrer linken Körperseite und ihres linken Arms. Später gewann sie bedeutende texanische Amateur-Turniere, wie beispielsweise das Trans-Miss und die Landes-Meisterschaft. Bei letzteren lag sie im 36-Löcher-Finale zur Halbzeit 6 down. Daraufhin rief sie ihren Freund in San Antonio an und bat ihn, zwecks moralischer Stärkung rasch nach Austin zu kommen. Ihr Freund tat's – und Betty gewann.
Mit 21 Jahren verließ sie die Universität und ging auf die Ladies-Tour, auf der sie die US Women's Open zweimal gewann und Aufnahme in der Hall of Fame fand.
Diese Auszeichnung erhielt sie übrigens zeitgleich mit mir, worüber ich mich sehr geehrt fühlte. Heute lebt und wirkt Betty als Künstlerin in Florida.

KATHY WHITWORTH

Kathy Whitworth ist eine der nettesten Personen, die ich kenne. Hardy Loudermilk, ihr erster Trainer in Jal, New Mexiko, rief mich eines Tages an und fragte, ob ich mir ihren Schwung mal ansehen könne. Natürlich konnte ich – worauf Kathys Mutter sie die 500 Meilen nach Austin chauffierte.

Als Kathy zu mir kam, wog sie achtzig Kilo. Sie sah echt aus, als ob das Stürmen der Speise-Eis-Box ihr Lieblingssport sei. Nachdem sie einige Pfunde abgenommen und mit mir an einem besseren Griff und Durchschwung gearbeitet hatte, kehrte sie in ihre Heimatstadt zurück.

Sie gewann die Amateur-Meisterschaften von New Mexiko, ehe sie sich im dortigen Junior-College einschrieb. Dieses verließ sie allerdings nach nur wenigen Monaten wieder. In jenen Tagen schrieb sie mir einen Brief, aus dem ich wörtlich zitieren möchte: »Ich kann mir vorstellen, daß Du mir in mein Hinterteil treten wirst«, so ihre Worte,»aber ich möchte mein Glück auf der Tour versuchen«. Diesmal fuhr ihre Mutter sie nach Beaumont, wo Kathy gleich ihr erstes Turnier auf einem Preisgeld-Rang beendete.

Kathy gewann im Laufe ihrer Karriere mehr Turniere als irgendein anderer Spieler, ob Mann oder Frau, einschließlich Sam Snead. Und sie hat mehr wichtige Putts gelocht, als irgendjemand anderes.

Vor kurzem erst besuchte mich Kathy wieder einmal – und wir fachsimpelten natürlich über den Golfschwung. Wie für die meisten großen Spieler ist für Kathy der Schwung eine ganz natürliche Bewegung, über die sie nicht groß nachdenkt und die sie auch nicht erklären könnte. Überhaupt können Dir viele großen Spieler einen hervorragenden Schwung vormachen, aber sie können Dir nicht sagen, wie sie ihn machen. Kathy zeigte sich sehr angetan, als sie von mir hörte, wie man den Bewegungsablauf mit einfachen Worten erklären kann.

»Harvey, Du hast mir jetzt meinen ganzen Schwung von Grund auf erklärt« meinte sie nach einer Weile, »aber warum hast Du dabei die Schulterdrehung mit keinem Wort er-

wähnt?«. Mit meiner Antwort: »Du hast eine so gute, natürliche Schulterdrehung, daß es überflüssig ist, daran einen Gedanken zu verschwenden« gab sie sich zufrieden.
Die US Women's Open dürfte das einzige Turnier sein, das Kathy niemals gewinnen konnte. Doch auch ohne diesen Erfolg wurde sie in die LPGA-Hall of Fame aufgenommen.
Inzwischen arbeitet Kathy als sehr erfolgreiche und fachkundige Golf-Lehrerin.

BETSY RAWLS

Als Betsy Rawls von der Oberschule auf die Universität von Texas kam, hatte sie einen sehr starken Griff. Sie war ebenso ehrgeizig wie talentiert, mußte allerdings hart an einem besseren Griff arbeiten.
Sie machte rasch Fortschritte und gewann bald schon die Stadtmeisterschaft von Austin sowie die texanische Landesmeisterschaft.
Ich legte ihr insbesondere nahe, auf vielen verschiedenen Plätzen zu spielen, um Schläge aus unterschiedlichsten Lagen machen zu müssen. Im Gegenzug habe auch ich viel von Betsy gelernt, die den Titel einer »Phi Beta Kappa« der Physik trug. (Anmerkung des Übersetzers: Eine hohe akademische Auszeichnung, die in Amerika die Tore zur gehobenen Gesellschaft öffnet.)
So überzeugte Betsy mich, daß man ein Turnier keineswegs nur durch gute Schläge gewinnt, sondern daß es viele Dinge gibt, die eine Rolle spielen, wenn man sich gegen den Rest der Golf-Welt durchsetzen möchte.
Betsy wählte jeden Schläger mit (und aus) der felsenfesten Überzeugung, daß gerade dieser Schläger der richtige für diesen Schlag sei. Das gleiche galt für die Wahl des Schlages. Ob Pitch oder Chip, ob Hook oder Fade. Einmal entschieden, hielt Betsy unbeirrbar an dieser Entscheidung fest.
Sie wußte, daß eine gute körperliche Konstitution insbesondere am Finaltag einer Meisterschaft zu großen Vorteilen verhilft. Daher lebte sie auch sehr gesundheitsbewußt, ernährte

sich entsprechend und hielt sich konsequent an ihre – vernünftige – Diät.
Betsy konnte sich mit Zuschauern unterhalten, ohne auch nur einen Funken ihrer Konzentration für den nächsten Schlag zu verlieren.
Ich diskutierte mit ihr, ob der Trainer die Schüler unter Druck setzen und ihnen zu verstehen geben sollte, wie sehr er an ihren Verbesserungen und Ergebnissen interessiert sei. Sie gab mir hierbei sehr gute Anregungen, die sich nicht nur bei ihr, sondern bei allen meinen Spielern als ebenso richtig wie effizient erweisen sollten.
Betsy habe ich auch die Erkenntnis zu verdanken, daß es wenig Sinn hat, den Schüler mit technischen Details zu überhäufen. Dies geschah, als ich ihr eines Tages drei verschiedene Dinge gleichzeitig erklärte. »Harvey«, stoppte sie mich, »Laß' uns vorerst zwei Dinge ins Auge fassen – und die dritte Sache auf nächste Woche verschieben.« Das war eine echte Lektion für mich. Wenn sich schon eine golftalentierte Phi Beta Kappa nicht gleichzeitig auf mehr als zwei Dinge konzentrieren kann – wie könnte ich es dann von einem »normalen« Schüler verlangen? Aus dieser Erkenntnis heraus sollte einer der Eckpfeiler meiner Lehrmethode wachsen: Jede Verbesserung und jeder Ratschlag zu seiner Zeit – eines nach dem anderen.
Wenn Betsy überhaupt mal mit Schwungproblemen konfrontiert wurde, dann hatte sie mit »rechts-nach-rechts«-Push-Schlägen zu kämpfen. Aber wir konnten die Fehlerquelle stets schnell analysieren und beheben.
Betsy gewann vier US Women's Open-Titel und wurde in die LPGA-Hall of Fame aufgenommen.
Zu ihren Ehren wurde der Universitäts-Vergleichskampf, der alljährlich Teilnehmer aus allen amerikanischen Universitäten in Austin am Start sieht, nach ihr benannt.
Sie war eine ausgezeichnete Schülerin. Sie hatte einen gesunden Menschenverstand. Und sie hatte den Willen, jeden Schlag sehr wichtig zu nehmen – egal, ob es sich dabei um einen langen Drive oder einen kurzen Putt handelte.

Mickey Wright kam schon als sehr gute Spielerin zu mir. Sie spielte bereits auf der Tour, allerdings relativ erfolglos. An ihrem Schwung, den sie von Alex Morrison aus Kalifornien gelernt hatte, konnte dies nicht liegen. Der war hervorragend. Eher lag es an ihrer inneren Einstellung, sich keinen einzigen schlechten Schlag zu verzeihen. Daher führte ich ihr vor Augen, daß wir alle »nur« Menschen sind und nicht zu unnachgiebig gegenüber uns selbst sein dürfen.

In ihrer Freizeit fuhr sie am liebsten nach Fort Worth, wo sie stundenlang Ben Hogan beim Üben zuschaute. Sie fragte ihn, ob er etwas dagegen hätte. Er meinte, solange sie nichts sagen würde, störte es ihn auch nicht.

Sie gewann drei US Women's Open-Titel und kam in die LPGA-Halle of Fame. Und sie ist zweifelsfrei eine der besten Spielerinnen, die die Golf-Welt je gekannt hat. Wenn nicht gar die Beste.

Mit ihrer linken Ferse agierte Mickey etwas anders, als die meisten Spitzenspieler(innen). Ähnlich wie Alex Morrison drehte sie während des Schlages den linken Fuß nach innen.

Mickey spielte mit viel Handgelenk-Einsatz, eine von mir befürwortete Methode. Sie peitschte den Schläger geradezu durch den Ball, ein Stil, den man heute kaum noch sieht. Unter den Golf-Herren fallen mir zum Stichwort Handgelenk-Einsatz insbesondere Don January, Ray Mangrum und Chi Chi Rodriquez ein. Bei den Damen wäre in erster Linie Mickey zu nennen. Gefolgt von Kathy Whitworth, deren Handgelenk-Arbeit der von Mickey sehr ähnlich war.

Ich beobachte übrigens gerne Golfer mit lockeren Handgelenken beim Kartenspielen. Das so natürlich wirkende Spiel ihrer Finger beim Kartengeben fasziniert mich stets aufs Neue.

Allgemein gilt Babe Didrickson Zaharias als die beste Golferin aller Zeiten. Meine Favoritin für diesen Titel wäre allerdings Mickey. Sie beherrschte alle nur erdenklichen Schläge. Und sie konnte einen schweren Platz auch im starken Wind in 62 Schlägen meistern.

Am meisten begeistert mich aber in der Erinnerung ihr wunderschöner Schwung.

Vor einigen Jahren traten Mickey und Kathy anläßlich der »Legend of Golf Senior« (Anmerkung des Übersetzers: Ein Turnier, bei dem die großen alten Spieler an den Start gehen) in Austin gegen die Herren an. Sie bekamen zwar sehr viel Applaus vom Publikum, aber die Herren mochten diese Art von Vergleichskampf nicht. Worauf das Turnier fortan nur noch für Herren ausgeschrieben wurde.

Als ich Mickey das erste Mal den Schläger schwingen sah, fragte ich sie, woher sie diesen wunderschönen Durchschwung hätte. Darauf nahm sie eine Elastik-Kordel aus ihrem Bag und demonstrierte mir, wie sie beim Üben die Schlinge um ihre beiden Ellbogen legt, um die enger beisammen zu halten.

Den ersten Golfer, den ich je mit der Elastik-Kordel üben sah, war übrigens Abe Mitchell, ein begnadeter Spieler, der den englischen Golfsport in den späten zwanziger und frühen dreißiger Jahren maßgeblich prägte.

Ich kann das Üben mit der Elastik-Kordel nur empfehlen. Sollten Sie Ihre Wege einmal nach Broadmoor in Colorado zu einer Unterrichtsstunde bei meiner ehemaligen Schülerin Mary Lena Faulk führen, ich wette, sie wird Sie erst einmal mit der Elastik-Kordel um Ihre Ellbogen schlagen lassen. Tun Sie's! Denn alles, was Ihnen zu einem Schwung wie dem von Mickey Wright verhilft, kann nicht von Schaden sein.

JUDY KIMBALL

Auch Judy Kimball Simon ist mir eine ans Herz gewachsene Schülerin. Noch heute besucht sie mich mit ihrem Privatflugzeug regelmäßig von ihrer Heimatstadt North Platte (Nebraska) aus.

Einen ihrer zahlreichen Siege verbuchte sie anläßlich der LPGA-Meisterschaft in Las Vegas. Unter all meinen Schülerinnen war sie wohl die beste Putterin. Was sich auch daran zeigt, daß sie über viele Jahre hinweg den Damentour-Rekord

für die wenigsten Putts auf 18 Löchern hielt. (Sofern ich mich richtig erinnere, waren es 19.)
Oft habe ich Judy und Tommy Kite auf dem Putting-Grün gesehen, wo sie unermüdlich Runde um Runde ausspielten.
Irgendwann einmal brauchte Ben Crenshaw unbedingt ein Flugzeug, um ein Stück Land zu besichtigen, das er kaufen wollte, um darauf den Golfplatz von Nebraska zu bauen. Jemand, dem Ben sein Problem erzählte, gab ihm daraufhin eine Telefonnummer. »Natürlich Ben« hörte er vom anderen Ende der Leitung, »Du hast genau die richtige Nummer gewählt. Weißt Du eigentlich, daß ich Dich kenne, seit Du acht Jahre alt bist?«.
Es war die Stimme von Judy Kimball, die heute Judy Simon heißt.

BABE DIDRICKSON ZAHARIAS

Ich hatte das Vergnügen, mit Babe ihr allererstes Demonstrationsspiel als Profi-Golferin zu spielen. Sie spielte damals mit dem Ryder Cup-Spieler Al Espinosa. Ich hatte Misses Vola Mae Odom, eine Austiner Clubspielerin, an meiner Seite.
Schon damals zog Babe ihre später weithin berühmte Show ab. Sie schlug spieltaktisch kluge und lange Schläge, meilenweite Drives – und unterhielt gleichzeitig das Publikum bestens. Ich erinnere mich noch an ihren Schlag aufs dritte Grün, ein halbgetopptes Eisen 7, das dementsprechend über das Ziel hinauslief. »Eure Grüns halten nicht sehr gut« meinte sie daraufhin mit ernster Mine zu mir, wofür sie wunschgemäß lautes Gelächter erntete. Unter den Zuschauern war auch ein hoher Richter. Nach einem anderen Schlag wandte sich Babe mit den Worten: »Ihr Urteil?« an ihn.
Babe zog immer viel Publikum an. Wohl auch, weil sie es fertig brachte, Siege anzukündigen. »Ich gewinne diese Meisterschaft« – teilte sie ihren Mitspielerinnen manchmal am ersten Abschlag mit. Und ließ ihrer Ankündigung Taten folgen.
Sie schlug die längsten Abschläge des Damen-Golfs, bis die Engländerin Laura Davies auf der grünen Bühne erschien. Al-

lerdings wußte Babe nicht immer, wo sie ihre Abschläge schließlich wiederfinden würde. Sie war eine Spitzenathletin, die es sowohl in der Leichtathletik, im Soft-Ball, im Basketball und im Golf zu sportlichem Ruhm brachte. Babe war wahrscheinlich die beste Sportlerin aller Zeiten. Und die zweitbeste Golferin, geschlagen nur von Mickey Wright.
Babe starb schon in jungen Jahren an Krebs, worauf ich ihren Mann in Florida besuchte. George hatte seine Karriere als Profi-Ringer aufgegeben, um sich ganz dem Management seiner Frau widmen zu können. Er hatte seine Frau sehr geliebt. Er weinte sehr, als wir über sie sprachen.
Babe hat immer wieder betont, einen Teil ihrer Erfolge mir zu verdanken. Dem war nicht so. Sie war eine echte Selfmade-Spielerin.

SANDRA PALMER, BETTY HICKS, BETTY DODD UND ANDERE

Sandra Palmer von Fort Worth kam zu mir, nachdem ich ihr von Betsy Rawls empfohlen worden war. Bevor sie von einem wohlhabenden Ehepaar, das Mitglied in Glen Garden war, adoptiert wurde, hatte sie als Caddie und Verkäuferin in einem Straßen-Kiosk gearbeitet. In Glen Garden begann Sandra Palmer dann mit dem Golfspiel.
Dank ihrer ausgeprägten Persönlichkeit war Sandra stets allerorts sehr beliebt. In ihrer Jugend war sie Cheerleader und später mehrere Male »Königin« der North Texas State Universität. Im Alter von 23 Jahren unterrichtete sie Golf in Fort Worth, von wo aus Betsy sie zu mir schickte. Ob bei Regen oder Sonnenschein – fortan kam Sandra ein Jahr lang Wochenende für Wochenende nach Austin. Sie trainierte fleißig und übernachtete stets bei Helen und mir.
Als erstes mußten wir etwas gegen ihren zu schnellen Rückschwung unternehmen. Er war so schnell, daß sie an der höchsten Stelle den Schläger loslassen mußte. Um dies zu vermeiden, lassen einige Golflehrer ihre Schüler den Schläger hauptsächlich mit dem kleinen Finger und dem Ringfinger der

linken Hand greifen. Auch ich war lange Zeit Befürworter dieses Griffs, ehe ich merkte, daß er sich negativ auf die Schlaglänge auswirkt.

Es war nicht einfach für Sandra, den Griff zu ändern und dadurch den Rückschwung zu verlangsamen. Aber wir schafften es.

1976 mußte Sandra bei der US Women's Open gegen JoAnne ins Stechen. Auf dem ersten Abschlag meinte Sandra zu JoAnne: »Big Mama, diesmal werde ich Dich schlagen«. Carner antwortete: »Das wirst Du nicht, Du kleine Krabbe«. JoAnne behielt recht – und Sandra ihren Spitznamen.

Sandra war sowohl mit meiner Frau Helen als auch mit mir eng befreundet. Daher fieberte ich auch vor dem Fernseher mit, als sie aus dem Bunker zum Sieg im Dinah Shore-Turnier einlochte.

Sandra hatte großen Anteil an der Entwicklung der amerikanischen Ladies-Tour.

Auf Alice Ritzmann, ein Mädchen aus Montana, wurde ich durch Warren Smith, dem Pro von Cherry Hills in Denver, aufmerksam gemacht. Sie kam zu uns, um mit Tinsley in unserem Pro-Shop zu arbeiten. Ich tat alles nur Erdenkliche, um ihr zu mehr Länge zu verhelfen. Unter anderem stellte ich sie auf den Zehn-Finger-Griff um. Danach ging sie auf die Tour.

Cindy Figg-Currier ist eine weitere meiner Lieblinge. Sie verfügt über ein hervorragendes kurzes Spiel – und dürfte eine großartige Profi-Karriere vor sich haben.

Im Reigen meiner besten Schülerinnen darf auf keinen Fall Mary Lena Faulk fehlen, die heute in Broadmoor als Golflehrerin arbeitet. Aus 160 Metern galt sie unter allen Tour-Damen als zielsicherste. Mit einem Holz 5, das ich für sie etwas verkürzt hatte, legte sie den Ball aus dieser Distanz näher ans Loch, als andere Spielerinnen dies mit dem Eisen 4 taten.

Betty Dodd nahm sehr oft Stunden bei mir. Ihr Vater war Oberst des Heeres in Fort Sam Houston (San Antonio). Eines Tages beobachtete er uns beim Training. Ich fragte Betty gerade, ob sie lieber als »Mädchen mit dem schönen Schwung«

oder als »Mädchen mit dem langen Schlag« bekannt werden möchte. »Lassen Sie mich dies beantworten« beteiligte sich der Oberst an dem Gespräch. »Sie entscheidet sich für das Mädchen mit dem langen Schlag«.

Betty Dodd war gut befreundet mit der Familie Babe, mit der sie gemeinsam musizierte.

Betty Rawls schickte mir auch Betty Hicks, die zu diesem Zeitpunkt bereits mehrere Amateur-Meisterschaften gewonnen hatte. Betty hatte einen langen, lockeren Schwung, neigte aber dazu, auf dem höchsten Punkt des Rückschwungs die Kontrolle über den Schläger zu verlieren. Das Resultat war dann ein arger Hook. In meiner humorigen Art sagte ich ihr, daß mich ihr Schwung an den Schwanz einer alten Kuh erinnere. Hoffentlich habe ich sie damit nicht beleidigt. Sie meinte jedenfalls, daß sie mir niemals verzeihen würde. Was hoffentlich ebenso lustig gemeint war wie meine spontane Äußerung.

Ich ging davon aus, ihren Hook kuriert zu haben, als sie am achten Loch einer Übungsrunde wieder diesen unkalkulierbaren Schlag machte. Sie wurde sehr ärgerlich, worauf natürlich auch der nächste Schlag zu einem Hook wurde. »Seit wann kannst Du so böse werden« fragte ich sie. »Konnte ich schon immer« grummelte sie.

Betty war in Kalifornien aufgewachsen und spielte als Teenager sehr viel mit Jackson Bradley. Nach ihrer langen Spieler-Karriere unterrichtete sie das Team von San Jose in Golf – und als Fluglehrerin. Heute ist Betty eine sehr gute Autorin in Sachen Golf.

Ich hatte soviele gute Spielerinnen als Schüler, daß ich sie hier nicht alle aufzählen kann. Aber ich erinnere mich ebenso gerne wie herzlich an jede einzelne von ihnen.

Eines der wertvollsten Geschenke, das ich je erhielt, ist eine Armbanduhr, in die die Worte »Von Harveys Mädchen« eingraviert sind. Ich bekam diese Uhr von Betsy Rawls, Mickey Wright und Betsy Cullen, die heute als Golflehrerin in Houston arbeitet.

... und einige Männer in meinem Golfer-Leben

BEN HOGAN

Ich nahm an einem Wohltätigkeits-Turnier in Austin teil und hörte, wie Ben Hogan seinen Caddie fragte, wo genau Westen sei. Ich war überrascht zu hören, daß Hogan seinem Caddie überhaupt eine Frage stellt. Ben war nämlich dafür bekannt, auf dem Platz stets alles alleine zu machen und zu entscheiden. Ging er doch davon aus, daß er sich und sein Spiel besser kennen würde, als dies ein Caddie jemals könnte.

Ich wartete, bis wir die Runde beendet hatten und fragte Ben dann, warum er seinem Caddie ausgerechnet diese Frage gestellt hatte.

»Alle anderen Dinge sind überall gleich« erklärte er mir, »aber die Grüns in Texas brechen immer nach Westen.«

Daß er damit recht hatte, fand ich erst später heraus. Es stimmt wirklich, daß alle Putts nach Westen brechen, sofern der Golfplatz-Architekt nicht künstliche Breaks ins Grün hineingearbeitet hat.

Als junger Mann hatte Ben gegen einen sehr starken Pull-Hook zu kämpfen. Er löste das Schwungproblem alleine, indem er sich einen sehr guten Griff erarbeitete, bei dem die rechte Hand den Schlägergriff sehr weit oben griff und das rechte »V« zum Kinn hin ausgerichtet war. Sein Geheimnis lag in der Drehbewegung des linken Armes. Er kontrollierte damit die Schwungrichtung, weil er von innen zum Ball schwang und den Schläger durch den Ball peitschte.

Ben übte tausende von Stunden, um seinen Schwung zu perfektionieren. Als er am Anfang seiner Karriere den Eindruck hatte, der Schwung sei zu lang, änderte er seinen Stand zu dem, was man heute allseits als den Hogan-Stand kennt. Der rechte Fuß steht im rechten Winkel zur Ziellinie, während der linke Fuß einige Zentimeter nach außen gedreht ist. Jede dieser beiden Fußstellungen für sich würde den Rückschwung bereits verkürzen.

Mir gefallen lange Schwünge, solange sie unter Kontrolle gehalten werden können. Und genau das war der Schwung, den Ben sich schließlich antrainierte.
Jimmy Demaret und Ben Hogan wurden gute Freunde. Jimmy hat mir erzählt, daß er im Vorfeld des ersten »Legend of Golf Senior«-Turniers («Turnier der Golf-Legenden«) Ben fragte, ob sie nicht zusammen spielen könnten. »Ich spiele weder oft noch gut«, begründete Ben seine Absage. »Das macht doch nichts«, versuchte Jimmy ihn zu überzeugen. »Es geht doch darum, daß wir mal wieder Spaß wie in alten Golf-Zeiten haben.« Doch Ben blieb stur. »Es hat keinen Sinn, ich könnte Dir nicht helfen«, meinte er. Worauf Jimmy nur meinte: »Na und. Du hast mir doch eh nie geholfen.«

BYRON NELSON

Über die Jahre hinweg hat mir Byron Nelson viele Schüler geschickt.
Byron hatte sich das Golfspiel selbst beigebracht, wobei er von J. K. Wadley aus Texarkana unterstützt wurde. Wadley war ein Amateurspieler, dem in ganz Texas großer Respekt entgegen gebracht wurde. Er war sehr wohlhabend und liebte das Golfspiel ebenso sehr, wie er von Byrons Können überzeugt war. Daher beschaffte er Byron eine gutdotierte Anstellung bei Don Murphy im Texarkana Country Club, der zu jener Zeit unter den zehn besten Plätzen von Texas rangierte.
Ich war Präsident der PGA, als die drei Texaner Byron Nelson, Ben Hogan und Jimmy Demaret dem amerikanischen Golfsport ihre unauslöschbaren Stempel aufdrückten. Dementsprechend noch interessierter befaßte ich mich mit ihren Schwüngen.
Alle drei konnten den Ball ebenso weit schlagen wie Jimmy Thompson oder irgend ein anderer Longhitter, wenn sie es nur wollten. Aber da sie sehr oft miteinander spielten, hielten sie sich zumeist etwas zurück.
Byron fand heraus, daß es besser für seinen Schwung war, die Handgelenke am höchsten Punkt des Rückschwungs nicht ab-

zuwinkeln. Später erzählte er, er hätte 1930, als er auf Stahlschäfte wechselte, ganz mit dem Abwinkeln der Handgelenke aufgehört. Von diesem Moment an nahm er den Schläger im Rückschwung square zurück, ohne dabei die Schlagfläche zu öffnen. Byron erzählte, daß er erst durch das Nicht-Abwinkeln der Handgelenke gelernt hatte, seine Beine und Füße einzusetzen, um einen vollen Schwung auszuführen, ohne dabei die Hände zu überrollen.
Byron schob seinen Körper während des Schwungs seitlich hin und her, was ihm meiner Meinung nach ermöglichte, hauchdünne Divots zu schlagen, die aussahen wie Dollar-Scheine. Er war davon überzeugt, daß das Nicht-Abwinkeln der Handgelenke seinen Schläger länger auf der Ziellinie hielt.
Ich habe mich immer gefreut, wenn Byron mich seinen Schülern empfahl. Auch wenn er dachte, ich würde nicht realisieren, daß er so seine Lehr-Probleme an mich weitergab, so freute ich mich doch jedesmal aufs Neue auf diese Herausforderung.

JIMMY DEMARET

Unter allen Spielern, die je ein Turnier der Tour gewonnen haben, beherrschte Jimmy Demaret das größte Schlag-Repertoire. Diesen Rang hätte ihm höchstens ein Trick-Schlag-Experte wie Joe Kirkwood streitig machen können. Ob hoch oder flach, ob Push oder Pull, ob Hook oder Slice – Jimmy konnte jeden Schlag in jeder nur erdenklichen Kombination.
Jimmy hatte die Unterarme eines Riesens. Und er verfügte über den sogenannten »Quail-Schlag«, bei dem der Ball nicht höher als ein Meter über dem Boden fliegt, aber auch nicht von der Richtung abweicht. (Anmerkung des Übersetzers: Dieser Sicherheitsschlag wurde nach der Wachtel, die im englischen Quail heißt, benannt, weil dieser Vogel, ebenso wie das Huhn, so gut wie gar nicht fliegen kann.)
In meinen Anfangsjahren als Pro bekam auch ich sehr kräftige Unterarme und Hände, weil es zu meinen Aufgaben gehörte, jeden Tag die Schläger aller unserer Mitglieder zu polieren

und mit Rost-Schutzmittel einzureiben. Aber meine Unterarme waren niemals auch nur annähernd so muskulös wie die von Demaret.
In Regen, Wind oder Kälte war Demaret annähernd unschlagbar. Hatte er das Golfspiel doch in Offat's Bayou (Galveston Island) gelernt, einer Gegend, die für ihren starken Wind und häufiges Regenwetter bekannt ist.
In jungen Jahren verfügte Jimmy über einen sehr guten, harmonischen Schwung, der keinen Vergleich scheuen mußte. Auch wenn der Schwung später kürzer wurde, so verlor er doch nie seine Eleganz. Jimmy Demaret hat meine Lehr-Methode sehr beeinflußt. Das war, als er eines Tages ganz beiläufig sagte: »Ich mag es, wie die jungen Leute jetzt ihre Ellbogen während des Schwungs weit vom Körper halten.«
Demaret und Walter Hagen ist es maßgeblich zu verdanken, daß das Spielniveau der Profi-Spieler einen höheren Standard erreichte und dem professionellen Golfsport mehr Respekt und Ansehen entgegengebracht wurde.
Jimmy erzählte gerne Witze, insbesondere, wenn er es mit ernsten Leuten wie Hogan zu tun hatte. Eines Tages spielten die beiden zusammen. Kurz zuvor hatte Ben in einem Artikel geschrieben, daß der Golfschläger so geschwungen werden sollte, als hätte der Spieler vom Kinn gerade abwärts eine Glasscheibe vor sich, die nur bei einer geraden Schwungbewegung nicht zu Bruch ginge. Als Ben einen schlechten Schlag machte, fragte ihn Jimmy: »Na Ben, hast Du gerade das Zerbrechen Deiner Glasscheibe gehört?«
Sein stets entspannter und gelöster Eindruck täuschte! Jimmy Demaret spielte Golf, um zu gewinnen.

BOBBY JONES

Bobby Jones war es, der während der Southern Open in East Lake (Atlanta) den besten Ball schlug, den ich je in einem Turnier gesehen habe. Ich spielte im Flight hinter ihm und konnte das Geschehen daher ganz genau verfolgen.
Am 17. Loch liegt rechts zwischen dem Grün und einer

Schlucht ein tiefer Grasbunker. Das Wetter zeigte sich an diesem Tag von seiner schlimmsten Seite, und plötzlich begann es auch noch murmeldick zu hageln. Innerhalb kürzester Zeit war das ganze Grün von den Hagelkörnern bedeckt. Jones hatte seinen zweiten Schlag in den Grasbunker verzogen und pitchte von dort auf einen Hügel, wo er seinen Golfball nur mit Mühe von den Hagelkörnern unterscheiden konnte. Den nächsten Chip lochte er, über alle Körner hinweg, zum Par.
Jones fand und entschied sich immer für den richtigen Weg. Jack Burke sen. meinte einst, daß der Herrgott seine Hand im Spiel haben muß, wenn man ein großes Turnier gewinnen will. Bei Bobby Jones war dies wohl der Fall.
Bobby spielte nicht sehr viel. In den heißen Sommertagen stellte er seine Schläger weg und holte sie erst wieder zu den großen Meisterschaften hervor, von denen er viele gewann.
Ich war immer schon der Meinung, daß Stewart Maiden von East Lake der beste Golflehrer aller Zeit sein müsse. Unter anderem, weil er Jones und Glenna Collett Vare in die Geheimnisse des Golfspiels einwies. Eine richtige Unterrichtsstunde hat Bobby jedoch von Stewart niemals bekommen. Stewart beobachtete seinen Schützling nur ab und an beim Training, um ihn dann mit einem »Junge, Du sollst den Ball doch nicht im Rückschwung schlagen« auf die Fehlerquelle hinzuweisen.
Bobby hatte von seinem Vater das Temperament geerbt. Als sie eines Tages zusammen spielten, machte der Vater einen schlechten Schlag und warf daraufhin seinen Schläger zu Boden. Er machte einen Probeschwung und fragte seinen Sohn: »Was war falsch an diesem Schwung?« »Nichts«, antwortete Bobby, »aber versuch's das nächste Mal mit dem Ball.«
Bobbys berühmter Putter Calamity Jane wurde durch eine Unmenge an Klebeband und Leim zusammengehalten. Dies waren die stummen Zeugen der unzähligen Male, an denen er zu Bruch gegangen war. Calamity Jane hatte den Loft eines Eisen 2, ideal für die rauhen Grüns jener Tage. Bobbys Putt-Bewegung war lang und ausgewogen, ähnlich

der von Ben Crenshaw. Allerdings öffnete Bobby die Schlagfläche in der Ausholbewegung und schloß sie während des Schlages wieder.
Wie viele andere Spieler seiner Tage auch, entfernte Bobby nicht den Rost von seinen Schlägerköpfen. Dadurch konnte der Ball auf der entsprechend rauhen Schlagfläche länger haften und somit besser unter Kontrolle gehalten werden. (Anmerkung des Übersetzers: Damals hatten die Schlagflächen noch keine Rillen.)
Da Bobby öfter gefilmt wurde, blieb sein Schwung der Nachwelt auf Video-Bändern erhalten. Heute wird er weltweit von Golfern aller Spielstärken studiert und analysiert.
Auch bei langen Schlägen stellte er die Füße relativ eng zusammen. Er machte nur eine leichte Körperdrehung, so daß er im Gegensatz zu vielen anderen Spielern auch an windigen Tagen nicht aus dem Gleichgewicht geriet. Am höchsten Punkt des Rückschwungs sah es so aus, als ob Jones eine Fahne wedeln würde. Es wird vielfach angenommen, er hätte seinen Schläger auf dem Höhepunkt des Rückschwungs losgelassen. Dem war nicht so. Er hatte nur einen sehr lockeren Griff, der, wie er es erklärte, es ihm ermöglichte, den Schläger mit viel Peitsch-Effekt durch den Ball zu schwingen.
Jones hatte eine lange, harmonische Schwungbewegung. Beim Übergang vom Rück- in den Abschwung machte er eine leichte Schleife, wodurch der Schläger von innen zum Ball kam. Im Treffmoment stand er auf seinen Zehen, verlor jedoch nie das Gleichgewicht. Sein Durchschwung mit den beiden Ellbogen vor dem Körper war lehrbuchartig.
«Drehen Sie einfach nach hinten und wieder nach vorne« war seine Schwung-Philosophie. Das Ergebnis war ein Schwung, der bei ihm wirklich kinderleicht aussah.
Die Leute sprechen immer über Bobby Jones' »lockeren Schwung«. Wenn Sie sich aber Fotos von seinem Gesicht im Treffmoment betrachten, werden Sie schnell die Konzentration und die Kraft, die hinter jedem seiner Schläge steckten, erkennen.

Sam schlug flache Schläge, die wie Geschoße abflogen. Normalerweise versucht der Golfer, den Schlägerkopf im 45 Grad-Winkel zum Ball zu schwingen. Aber Sam Snead schlug ein wenig von oben auf den Ball, um seine Projektil-Flugbahn zu bekommen. Daher benutzte er auch einen Driver mit dem Loft eines Brassies (Holz 3).

Allgemein erweckte Sam immer den Eindruck, nach rechts ausgerichtet vor dem Ball zu stehen. Während eines Masters machte ihn gar ein Mitspieler vorsorglich darauf aufmerksam, daß er auf des Mitspielers Caddies zielen würde. Sam antwortete: »Das stimmt doch gar nicht. Ich ziele auf meinen eigenen Caddie.«

Sam traf dennoch immer sein eigentliches Ziel. Er richtete sich zwar rechts davon aus, hookte den Ball aber zurück.

Ich versuchte, Darrel Royal den Schwung von Sam Snead beizubringen. Aber Darrel fühlte sich dabei unwohl, weil er über das Ausrichten nach rechts das Gefühl für den Schlag verlor. Er hatte Angst, seine Schläge fortan zu pullen. Und er glaubte mir nicht, daß Sam sich so stark nach rechts ausrichten würde. Nachdem er aber beim »Legends of Golf«-Turnier mit Sam Snead das Pro-Am gespielt hatte, entschuldigte er sich bei mir. »Ich konnte bis heute nicht glauben, daß Sam nach rechts zielt. Aber heute stand ich den ganzen Tag hinter ihm – und habe genau gesehen, daß er es wirklich tut,« bestätigte er mir.

Sam war erstaunlich beweglich. Aus dem Stand heraus konnte er hochfedern und die Zimmerdecke berühren.

Jimmy Thompson erzählte mir, daß er an windlosen Tagen immer längere Bälle als Sam schlagen würde. Bei Wind aber drivte Sam Snead ihn regelmäßig aus.

Ich war immer ein großer Fan von Sam. Und zwar nicht nur, weil er es war, der mich den Beruf des Golflehrers ergreifen ließ.

RALPH GULDAHL

Mitte der dreißiger Jahre war Ralph Guldahl von Cedar Crest (Dallas) wahrscheinlich der beste Spieler der Welt. Daß dies von der Öffentlichkeit relativ unbemerkt blieb, lag an seiner wenig charismatischen Ausstrahlung – und daran, daß er sich nicht lange genug an der Spitze halten konnte.

Ralph gewann in drei Jahren zweimal die US Open und dreimal die Western Open, die damals den Status eines Major-Turniers hatte. Zuvor hatte er als Amateur im Walker-Team gespielt und als noch junger Pro nur knapp einen weiteren US Open-Titel verfehlt. Auf einen Schlag belief sich damals sein Rückstand auf den Amateur Johnny Goodman, nachdem Ralph auf der Finalrunde fünf Schläge hatte aufholen können. Ralph hatte einen kurzen, kompakten Schwung, mit dem er den Ball immer geradeaus schlug. Dennoch konnte er die Herzen des Publikums nicht erobern. Weder durch seine Persönlichkeit, noch durch sein Spiel. Beides war zu ruhig, zu unspektakulär und zu konservativ.

Ralph hatte nicht viele Freunde. Vielleicht war ich sogar der Mensch, der ihm am nächsten stand. Aber erst viele Jahre nach seinem Abschied vom Turniergeschehen gestand er mir, daß ich in seinen jungen Jahren sein Vorbild gewesen sei.

Als Ralph die Stelle des Head-Pros in St. Louis übernahm, wurde sein Golf immer schlechter. Gemeinsam mit seiner Frau widmete er sich fortan ganz ihren Rennpferden.

JACK NICKLAUS

Ich habe nie die geringste verbesserungswürdige Unregelmäßigkeit in Jack Nicklaus' Schwung entdeckt. Und das, obwohl ich ihn als den größten Spieler der Golf-Geschichte natürlich immer sehr genau beobachtete, wann immer ich nur Gelegenheit dazu hatte.

Dem jungen Jack Nicklaus wurde wegen seines fliegenden rechten Ellbogens keine große Zukunft vorausgesagt. Was dabei übersehen wurde: Wie auch immer der Ellbogen »flog«, im Abschwung preßte ihn Jack Nicklaus lehrbuchartig an seinen Körper. Auch wurde prophezeit, daß er mit seiner im Rückschwung sehr stark angehobenen linken Ferse kein gutes Golf spielen könne. Auch diesbezüglich strafte Jack Nicklaus die Experten Lügen. Meiner Meinung nach hebt er die Ferse übrigens nicht höher, als es auch schon Bobby Jones tat. Das Anheben der Ferse ermöglichte ihm eine gute Drehung und eine gute Körperstellung am höchsten Punkt des Rückschwungs.

Auch der später beste Golfer der Welt mußte in seinen ersten Profi-Jahren an dem PGA-Lehrgang teilnehmen, der von Byron Nelson und mir geleitet wurde. Schon damals kamen Byron und ich zu der Überzeugung, daß er die kompakteste Spielveranlagung aller fünfzig Teilnehmer hatte. Es gab wirklich keine Spielsituation, in der Jack eine Schwäche gezeigt hätte.

Ein Schwung wie der seine hält für ein ganzes Leben.

TOM KITE

Schon als Junge machte Tom durch seinen Trainingseifer auf sich aufmerksam. Er war seit jeher ein analytisch denkender Perfektionist. Was sich auch an dem Tag zeigte, als er mich bat, mir seine Eisenschläge zum Grün anzusehen. Ich schaute mir einige an und empfand sie alle als perfekt. »Was stimmt denn nicht?« fragte ich ihn schließlich. »Die fliegen alle dreißig Zentimeter zu hoch«, war seine Antwort.

Ein anderes Mal schlug er auf dem Platz ein Eisen 7 vier Meter an die Fahne. Und runzelte die Stirn. »Was hat Dir denn an dem Schlag nicht gefallen?« wollte ich wissen. »Ich habe entweder den Wind oder die Feuchtigkeit des Grüns falsch berücksichtigt«, war diesmal die Antwort.

Ich stellte Tommy immer irgendwelche Aufgaben, wenn er übte. So mußte er beispielsweise auf eine Kiste zielen, die außerhalb der Übungswiese stand. Es galt, sie zunächst mit einem Draw, dann mit einem Fade zu treffen. Die Driving-Range in unserem alten Club am Riverside Drive lag direkt neben dem Weg zum ersten Abschlag, der entsprechend stark

frequentiert war. Ich machte daher oft Spieler darauf aufmerksam, daß Tommy den Ball in die Kiste faden würde. Derart herausgefordert und unter Druck gesetzt, gelang es Tom auch meistens, das Ziel zu treffen.
Jugendliche, die viel üben, aber wenig spielen, lernen selten, gut zu scoren. Ich paßte daher auf, daß Tommy seine Zeit nicht nur auf der Driving-Range verbrachte, sondern auch regelmäßig auf den Platz ging. Dank seines grundsoliden, kompakten Schwungs und seines sehr guten kurzen Spiels begriff Tommy dort sehr schnell den eigentlichen Sinn des Golfspiels: Den Ball mit einem Minimum an Schlägen ins Loch zu bekommen. Er hatte schlichtweg ein Talent zum Scoren.
Beim NCAA-Vergleichskampf der amerikanischen Universitäten lag Texas vor dem Finaltag sieben Schläge zurück. Tommy startete mit sechs Birdies auf den ersten sieben Löchern in seine letzte Runde, motivierte dadurch seine Team-Kollegen und sicherte der Universität von Texas den Sieg.
Besonders gefreut habe ich mich für Tommy, daß er in der Einzelwertung, schlaggleich mit einem anderen Spieler, Rang eins belegte. Dabei hatte ich gleich doppelten Grund zur Freude, denn der andere Spieler war Ben Crenshaw.
In all den Jahren, die ich Tommy und Ben betreute, habe ich niemals zugelassen, daß mich einer von ihnen beim Training mit dem anderen beobachtete. Denn was für den einen gut ist, muß nicht unbedingt auch für den anderen passen.

BEN CRENSHAW

Meine erste Begegnung mit Ben hatte ich, als er acht Jahre alt war. Ich schnitt ein Eisen 7 für ihn ab und zeigte ihm den Griff. Dann gingen wir auf die Driving-Range. Das Grün war siebzig Meter entfernt. Ich forderte ihn auf, den Ball aufzuteen und auf das Grün zu schlagen. Er tat, wie ihm befohlen!
»Nun laß' uns zum Grün gehen und den Ball ins Loch putten«, sagte ich. »Wenn der Ball ins Loch soll, warum hast Du mir das nicht gleich gesagt«, meinte er daraufhin fast vorwurfsvoll.

Bens Mutter war eine gute Klavierspielerin. Von ihr mag er sein außergewöhnliches Feingefühl geerbt haben. Sein Vater Charles war ein sehr gute Sportler.
Ben hat einen natürlichen, langen Schwung, bei dem er hauptsächlich die Schultern einsetzt. Ich ermunterte ihn, Golf ausschließlich zu seiner Freude zu spielen und nur dann zu üben, wenn es Schwungfehler erforderten.
Ben ist ein hervorragender Athlet. Eines Tages spielte er mit drei guten Golfern in Horseshoe Bay auf einem sehr schweren Platz. Sechs Löcher vor Schluß führte er so deutlich, daß er anbot, die restlichen Bahnen links herum zu spielen. Er schloß sie mit »even Par« ab.
Ben war auch auf dem Platz, wenn es so kalt war, daß kein anderer Spieler das Clubhaus verließ. Er war es auch, der sich nach einem Universitäts-Turnier, das er als Sieger beendet hatte, keine Pause gönnte und gleich noch einmal auf die Runde ging.
Bens Masters-Sieg 1984 ist einer der größten Siege aller Zeiten.
Bens älterer Bruder Charles war ebenso talentiert wie Ben. Aber Charles konnte dem Golfsport nicht sehr viel abgewinnen und konzentrierte sich schließlich auf andere Sportarten. Um so glücklicher war ich, als Ben alles andere aufgab, um sich ganz seinem Golfspiel widmen zu können. Charles indes entwickelte in seinen Kraftsportarten eine Muskulatur, die sich eher negativ auf den Golfschwung auswirkt und auch nur schwer wieder zurückzubilden ist. Dennoch kann er heute, um die vierzig Jahre alt, den Austin Country Club von den blauen Tees immer noch problemlos in 73 Schlägen meistern. Was wahrlich keine schlechte Leistung ist.
Sowohl Ben als auch Tommy sind mir wie Söhne ans Herz gewachsen.

ANDERE HERVORRAGENDE SCHWÜNGE

Seit den Tagen eines MacDonald Smith sind meine Lieblingsschwünge die von

1. Ben Crenshaw
2. Mickey Wright
3. Dave Marr
4. Al Geiberger

Als ich noch Trainer in Texas war, empfahl ich meinen Schülern, hauptsächlich den Schwung von Dave Marr zu imitieren.

Seit ich selbst nicht mehr auf den Platz gehen kann, verfolge ich jede Fernsehübertragung von Golfturnieren. Ich gebe zu, daß ich mir dabei lieber Turniere von der Senioren-Tour als von der regulären Tour ansehe. Die Senioren haben die besseren Schwünge. Sie haben Schwünge, die den Herausforderungen der Zeit widerstanden haben. Jüngere Spieler setzen Kraft ein. Viele Spieler auf der regulären Tour lassen ihre linke Ferse konsequent auf dem Boden. (Einige glauben allerdings nur, es zu tun!) Sie setzen für den Schwung auf Kosten der Arm- und Handbewegungen den großen Rückenmuskel ein und schwingen so hart, daß sie sich im Durchschwung richtiggehend um sich selbst winden müssen. Schwünge, bei denen die Ellbogen im Finish weit vor dem Körper liegen, sieht man wahrlich nur noch sehr wenige.

Ich sehe einige sehr verheißungsvolle, gute Nachwuchsspieler auf der regulären Tour. Ich sehe aber auch viele, die sich in nicht ferner Zukunft einen anderen Beruf suchen sollten und müssen, um ihr Leben bestreiten zu können.

Die Geschlechter

Eine hübsche Frau wird niemals einen schlechten Schlag machen, ohne daß ihr zuvor von einem Mann ein schlechter Rat gegeben worden wäre.
Ein Ehemann sollte niemals versuchen, seiner Frau das Autofahren oder das Golfspielen zu lernen. Und eine Ehefrau sollte es unterlassen, ihren Mann in die Geheimnisse des Bridge-Spiels einweisen zu wollen.

Trainings-Tips

Üben Sie nie lange Schläge, wenn Ihnen der Wind in den Rücken bläst. Für einen Rechtshänder bedeutet dies nämlich, daß der Wind von links nach rechts bläst. Je mehr Schläge Sie unter diesen Umständen üben, desto mehr werden Sie von außen nach innen schwingen, um dem vom Wind verursachten Slice entgegenzuwirken.
Ben Hogan war einer der ersten Spieler, der hinter dieses Trainings-Geheimnis kam. Deshalb suchte sich Ben immer einen Platz auf der Driving-Range, wo ihm der Wind ins Gesicht blies. Entweder von vorne oder von rechts nach links.
Wenn Sie schon unbedingt im Wind üben wollen, dann schwingen Sie unbedingt mit Ihrem ganz normalen Schwung. Versuchen Sie auf keinen Fall, härter zuzuschlagen, und vermeiden Sie das Training von zu vielen Punch-Schlägen, weil bei denen kein Durchschwung erfolgt.

John Bredemus

John Bredemus war eine eindrucksvolle Erscheinung – und ich bin stolz darauf, ihn als Freund gehabt zu haben. Wahrscheinlich habe ich ihn besser gekannt, als dies irgendjemand anderes tat, denn John Bredemus ließ nur wenige Leute an sich heran. Er war ein typischer Einzelgänger, der sich in seiner bescheidenen Wohnung mit mehr Büchern als Möbeln umgab.

Als John Bredemus 1946 in Abilene an den Folgen eines Herzinfarktes starb, hatte er keinen Kontakt mehr zu seiner im Osten lebenden Familie. Er bekam ein Armengrab, und Murry Brooks, der Golflehrer in Brackenridge Park war, sammelte unter den texanischen PGA-Mitgliedern, damit Bredemus' Beerdigung überhaupt bezahlt werden konnte.
Dabei warfen viele Trauergäste einen Blick in den Sarg, um zu sehen, ob John Bredemus die Medaillen mit ins Grab nahm, die ihn berühmt gemacht hatten. Denn von 1913 bis zu seinem Tode gelangte John Bredemus zu nationaler Berühmtheit als der Mann, der Jim Thorpes Goldmedaillen bekommen hatte. Diese Goldmedaillen wurden niemals gefunden. Vielleicht bin ich gar der einzige Mensch, der weiß, was mit ihnen passiert ist.
Hätte man Johns Leben verfilmt – der Kinobesucher hätte die Geschichte nicht geglaubt!
Geboren wurde er 1884 in Flint (Michigan) als Kind luxemburgischer Einwanderer. Als sein Vater starb, war John Bredemus zehn Jahre alt. Bis dahin war er in South Bend (Indiana) zur Schule gegangen. Danach schickte man ihn auf die exklusive Philips Exeter Academy in New Hampshire, wo er ein hervorragender Student und ein gefeierter Captain des Football-Teams wurde.
Später kam er auf das Dartmouth College, wo er sich in Leichtathletik auf die »All American Universities«-Meisterschaften, die amerikanischen Studenten-Titelkämpfe vorbereitete. Diese AAU-Wettkämpfe bestanden – ähnlich dem Zehnkampf – aus zehn Prüfungen, die allerdings alle an einem einzigen Tag ausgetragen wurden. John gewann die Meisterschaft 1908 und stand in der Folge Modell für eine Statue, die heute im Union Bahnhof in Washington steht.
John wechselte nach Princeton, wo er das Football-Team als Mittelfeldspieler wirkungsvoll verstärkte – und sich bei einem Spiel die Nase brach. Sein Studium schloß er dort 1912 als Diplom-Ingenieur ab.
In jenem Sommer wollte er in Celtic Park (Long Island) seinen AAU-Titel gegen den großen Jim Thorpe verteidigen. Der

neue Leichtathletik-Star kam gerade von den olympischen Sommerspielen in Stockholm, wo er sowohl im Zehn- als auch im Fünfkampf die Goldmedaille gewonnen hatte.
Im Regen und Match der AAU-Kämpfe brachen sowohl Bredemus als auch Thorpe alle bislang bestehenden Rekorde, doch Thorpe behielt am Ende mit 173 Punkten Vorsprung die Oberhand.
Einige Monate später, im Januar 1913, wurde Jim Thorpe sowohl vom olympischen als auch vom AAU-Komitee angeklagt, gegen die Amateurbestimmungen verstoßen zu haben. Als aktiver Teilnehmer an Baseball-Begegnungen in North Carolina in den Jahren 1909 und 1910 hätte Thorpe, so das Komitee, den Status eines Halb-Profis erlangt. Thorpe wurden seine beiden Medaillen aberkannt.
Bis heute wird über dieses Urteil kontrovers diskutiert. Viele Leute hoffen bis heute, daß Thorpe die Medaillen damals einfach behalten hat – oder sie ihm vom olympischen Komitee »heimlich, still und leise« zurückgegeben wurden. Tatsächlich gab Thorpe sie zurück, worauf die olympischen Goldmedaillen in einem Banksafe des Komitees verschwanden. Thorpes AAU-Goldmedaille indes wurde John Bredemus zuerkannt. John nahm sie an und behielt sie bis kurz vor seinem Tode.
Im Juni 1913 wurde John Sportdirektor am Stamford College in Connecticut. Er arbeitete als Lebensretter am Brighton Beach und begann in Van Cortland Park bei Bronx, seines Zeichens Amerikas erste öffentliche Golfanlage, mit dem Golfsport. Schon 1914 nahm Bredemus regelmäßig an Golfturnieren teil.
1915 zeichnete er als Diplom-Ingenieur architektonisch für den Ausbau des Lido Clubs in Long Island verantwortlich. Damit wurde er der erste Golf-Architekt Amerikas.
Als die PGA 1916 während eines Meetings im New York Taplow Club offiziell gegründet wurde, war John einer ihrer ersten Mitglieder. 1919 übersiedelte er nach Texas, um sich fortan ganz seinem Golfspiel zu widmen. Seinen Lebensun-

terhalt verdiente er sich als Leiter der Oberschule in San Antonio.
Texas erster – und zu jener Zeit einziger – öffentlicher Golfplatz war der Brackenridge Park in San Antonio, wo John bald als Pro eingestellt wurde und rasch zum stellvertretenden Head-Pro avancierte. 1920 wurde er mit der Planung und dem Bau von San Felipe Springs in Del Rio beauftragt. Es wurde ein Platz, der auch heute noch einen hervorragenden Ruf genießt. Damit war Bredemus auch der erste offizielle Golfplatzarchitekt von Texas.
Bis dahin nämlich wurde das Layout eines Platzes von einem Komitee festgelegt, in das einige Spieler und Vorstandsmitglieder des Clubs berufen wurden. Im Falle des Austin Country Clubs waren dies beispielsweise Lewis Hancock und seine Freunde, die das Gelände abschritten und dabei den zukünftigen Bahnverlauf festlegten.
Viele der bisherigen Informationen über John Bredemus verdanke ich meinem Freund Francis Trimble, einem Angestellten an der PGA-Hall of Fame (Ruhmeshalle) in Texas. Nun komme ich zu dem Zeitabschnitt, in dem ich John persönlich kannte.
Bredemus gab nicht nur die ersten Golf-Unterrichtsstunden in Texas. Er richtete auch Texas' erstes Profi-Turnier aus, während er 1923 gleichzeitig den Corpus Christi Country Club baute. Und John Bredemeus war der erste Autor, der Golf-Artikel in den texanische Tageszeitungen veröffentlichte.
Als »Vater des Erfolgs« der ersten Texas Open, die 1922 in San Antonio Bob MacDonald als Sieger sah, gilt weithin der Sport-Redakteur Jack O'Brien aus San Antonio. Aber eigentlich war Bredemus die treibende Kraft hinter der Organisation dieser Meisterschaft, die die besten Golfer der Welt nach Texas lockte und damit landesweit einen großen Golf-Boom auslöste.
1922 wurde der texanische Golfverband gegründet. Sein erster Präsident war Willie Maguire, der Clubpro vom Houston Country Club. Zu seinem ersten Sekretär wurde John Brede-

mus ernannt. John machte sich sofort für eine »Winter Tour« stark, die in der Folge die Shreveport (La.) Open (1922), die Texas Open (1922), die Corpus Christi Open (1922), die Houston Open (1924) und die Dallas Open (1926) ins Leben rufen sollte.

1927 hatte Bredemus maßgeblichen Anteil, daß das US PGA Championship an Cedar Crest (Dallas) vergeben wurde. Im Vorfeld des Turniers nahm er am Platz einige Veränderungen vor. Er baute vierzig neue Bunker auf dem alten Tillinghast-Platz und verlängerte den Parcours um einige hundert Meter. In jenen Tagen entstanden in allen Teilen des Landes neue Golfplätze. Ich glaube, John hatte dabei in achtzig Prozent der Fälle seine Hand im Spiel. Auch der Austin Country Club verpflichtete John als Architekt, als wir von Sand- auf Grasgrüns umbauten. Einige Wochen lang kam er regelmäßig vorbei, um den Umbau zu leiten und den Fortgang der Arbeiten zu überwachen. In jenen Tagen gab es noch keine Bulldozer oder Traktoren, wir arbeiteten mit Maultieren und schweren Rechen.

Als unser Club zum Riverside Drive verlegt wurde, fragte ich wieder bei John an, ob er den neuen Platz entwerfen wolle. Er lehnte ab, weil »er bereits an zwei Plätzen arbeitete und meinen Anforderungen nicht gerecht werden könne, wenn er noch einen dritten Neubau übernähme«.

Daraufhin wurde Perry Maxwell mit den Arbeiten beauftragt. Er war beinamputiert, was ihn nicht daran hinderte, das Gelände mit seinem Holzbein mehrere Male abzugehen, ehe er die Streckenführung absteckte. Perry hatten wir auch die hervorragenden, breakreichen Grüns zu verdanken, die er ganz natürlich der vorgegebenen Geländestruktur anpaßte. Zwischenzeitlich wurden diese Grüns jedoch umgebaut.

John reiste stets mit nur wenig Kleidung, dafür aber mit einem Sack voller Bücher, einem Golfbag mit sieben Schlägern sowie einem Spielbrett nebst einem Säckchen mit Dame-Spielsteinen. Oft traf er sich mit Titanic Thompson in Houston zu einem Dame-Match, das er zumeist gewann. John reiste kreuz und quer durchs Land, ohne jemandem zu erzählen, wohin er fuhr und woran er gerade arbeitete. Darum ist es auch nicht überliefert, welchen Golfplätzen er seinen architektonischen Stempel aufdrückte. John Bredemus drängte es nie nach Ruhm und Auszeichnungen. Auch weiß bis heute niemand, was John Bredemus mit seinem Geld gemacht hat. Für sich selbst kann er es nicht ausgegeben haben, so sparsam, wie er lebte.

Der berühmteste Platz aus seiner Feder dürfte der Colonial Country Club in Fort Worth sein, der 1936 gebaut wurde. Schon 1928 rüstete Bredemus die Grüns von San Angelo, 1935 die von Seguin auf Bentgras um. Als »Erste texanische Golfanlage mit Bentgras-Grüns« bekannt wurde allerdings Colonial, obwohl es erst später von Bredemus mit Bentgras-Grüns versehen wurde.

Während Johns Arbeiten an Colonial wollte er eine riesige Eiche, die »Big Annie«, vor dem 17. Grün fällen. John fällte oft Bäume, wenn es ihm im Interesse der Sonnenlicht-Einstrahlung und der Luftzirkulation sinnvoll erschien. Im Falle von »Big Annie« aber kam Marvin Leonard vorbei, der das Colonial-Projekt finanzierte. Und der stoppte die Fäll-Arbeiten im allerletzten Moment. Es wird erzählt, daß John sehr verärgert reagierte und daraufhin von Marvin Leonard entlassen wurde. Tatsache ist allerdings, daß John krank wurde und die restlichen Arbeiten seinem Protegé Ralph Plummer übertragen mußte. Hierzu erzählte mir John einmal: »Warum hätte ich mich mit Mister Leonard anlegen sollen? Er zahlte schließlich meine Rechnung.«

Big Annie fiel erst viele Jahre später einem Sturm zum Opfer. Auch wenn Perry Maxwell im Vorfeld der US Open, die 1941 in Colonial ausgetragen wurde, mit einigen Umbau-Arbeiten beauftragt wurde, so gebührt doch John Bredemus die Ehre, diesen wunderbaren Platz gebaut zu haben.

Eines Tages nahm mich John mit zu dem Gelände, auf dem er gerade die zweiten 18 Löcher des Fort Worth Redglea Country Clubs entwarf. Er erzählte mir, wo exakt ein Baum stehen und wo welches Grün angelegt würde. Er konnte wirklich schon jedes Loch detailliert beschreiben, auch wenn wir zum dama-

ligen Zeitpunkt noch im kniehohen Unkraut standen und von roten Ameisen in die Flucht geschlagen wurden.
John brachte mir bei, daß der Entwurf eines Platzes der Augen eines Künstlers bedarf, während der Bau nach den Fähigkeiten eines Ingenieurs verlangt. John hatte beides!
Viele berühmte Plätze von Texas tragen mehr oder minder deutlich Johns Handschrift. Er war ebenso an Umbauten beteiligt, die heute anderen zugeschrieben werden wie an denen, die ohne Zweifel von ihm durchgeführt wurden. Zu Zweiteren zählen beispielsweise Braeburn in Houston oder Offat's Bayou in Galveston, der leider während des Zweiten Weltkrieges zugunsten einer Rollbahn zerstört wurde. Memorial Park in Houston, einer der besten Plätze jener Zeiten, gehört ebenso auf Bredemus Liste wie Hermann Park in Houston und viele andere, deren Aufzählung den Rahmen dieses Buches bei weitem sprengen würde. Auch auf vielen Plätzen, die er nicht selbst baute, hatte er später seine architektonische Hand im Spiel, indem er sie von Sand- auf Grasgrüns umrüstete, wie beispielsweise in unserem Austin Country Club.
Eines Nachts fuhren John und ich von Louisiana nach Hause. Es regnete sehr stark, und in Liberty (Texas) geschah es dann, daß unser Wagen auf der aufgeweichten Straße stecken blieb. Erbost sprang John aus dem Wagen und schrie: »Wenn das Liberty ist, dann gib' mir lieber den Tod.« (Anmerkung des Übersetzers: Dies ist ein Wortspiel. Liberty ist nicht nur der Name des Ortes, sondern heißt übersetzt auch »Freiheit«.)
Am Ende seines ereignisreichen Lebens war John Bredemus Head-Pro im Hermann Park in Houston. Manchmal besuchte er von dort aus die Anlage »The Burkes« in River Oaks, wo er unter den Bäumen mit den Clubmitgliedern Schach spielte. Niemals aber betrat John das Clubhaus. Vom sozialen Status her, so begründete er dies, gehöre er nicht zu den Mitgliedern.
Einmal fragte ich John nach seiner Lieblings-Sportart in jüngeren Jahren. Er antwortete: »Harvey, das größte Vergnügen bereitete mir das Springen von Eisenbahn-Waggon zu -Waggon, als ich noch in meiner Heimatstadt lebte.«

Kurz vor seinem Tode zeigte mir John Bredemus Jim Thorpes Goldmedaillen, die er in einer Zigarrenschachtel aufbewahrte. »Weißt Du, was ich am Schluß mit ihnen tun werde?« fragte er mich. Natürlich wollte ich es wissen. »Ich denke, ich werde sie einschmelzen«, antwortete er.
Ich bin mir sicher, daß er das auch getan hat.

Hook und Slice

Hooks beeinträchtigen das Spiel eines Durchschnittsgolfers nicht. Schaden richtet aber der gepullte Hook an. Wenn also ein Durchschnittsgolfer einen Ball schlägt, der zunächst gerade fliegt und erst am Ende der Flugbahn hookt, so braucht er sich keine Sorgen darüber zu machen. Wenn der Ball jedoch links startet und dann hookt, dann sollte er bald seinen Pro aufsuchen.
In diesem Falle gilt es erst einmal, den Griff zu überprüfen. Stellen Sie sicher, daß die beiden V's Ihrer Hände auf Ihr Kinn zeigen. Wenn der Hook durch übertriebenes Schwächen der linken Hand (d.h. nach links drehen) kuriert wird, dann ist es nur eine Frage der Zeit, bis der Schläger von außen zum Ball schwingt.
Konzentrieren Sie sich auf das Treffen des Tees oder das Streifen der Grasnarbe, um die Schwungrichtung in Einklang mit der Ziellinie zu bringen.
Das Öffnen der Schlagfläche beim Ansprechen bewirkt das gleiche Resultat wie das Schwächen des Griffes (d.h., beide Hände nach links drehen).
Spielern, die slicen, stehen weitaus schwerere Zeiten ins Haus als Spielern, die hooken.
Viele Spieler mit hohem Handicap schlagen den Slice mit solcher Beständigkeit, daß sie bereits bei der Ausrichtung zum Ziel einen Slice einkalkulieren. Wenn Sie aber einen Slice einplanen, wird es mit ziemlicher Wahrscheinlichkeit auch einer werden! (Was natürlich auch für den Hook gilt.)
Bei Slice-Gefahr sollte zunächst der Schläger bewußt locker

gehalten und der Griff überprüft werden. Die beiden »V's« müssen auf die rechte Schulter ausgerichtet sein. Konzentrieren Sie sich erneut auf das Treffen des Tees oder das Streifen der Grasnarbe, um sicherzugehen, daß der Schläger gerade durch den Ball schwingt. Vergewissern Sie sich, den Schläger locker zu halten, ganz so, als ob er ein zerbrechliches Musikinstrument wäre. Sie würden ja auch nicht versuchen, einer fest umklammerten Klarinette zarte Töne zu entlocken.
Hier ein bewährtes Heilmittel gegen den Slice: Nehmen Sie einen geschlossenen Stand ein, richten Sie die Schlagfläche jedoch rechtwinklig zur Ziellinie aus. Achten Sie darauf, den Schläger von innen zum Ball zu schwingen. Betonen Sie den Einsatz des linken Arms, indem Sie ihn während des Schlages drehen (und somit die Schlagfläche schließen). Führen Sie diese Übung zunächst mit dem Eisen 7, später mit dem Holz 3 aus. Dies ist die beste Methode, den Slice zu bekämpfen, die ich kenne.
Wenn Sie dieses Kapitel aufmerksam gelesen haben, bin ich sicher, daß Sie zukünftig auch Hooks schlagen können.

Eine komische Strafe

Das enttäuschendste, was Ihnen in Ihrem Golfleben widerfahren kann, ist ohne Zweifel der Luftschlag. Die Strafe für diese Erniedrigung beträgt einen Schlag. Wenn Ihr langer Abschlag jedoch drei Zentimeter hinter der Ausgrenze zur Ruhe kommt, beläuft sich die Strafe auf einen Schlag und Distanzverlust. Faktisch also zwei Strafschläge für einen nahezu perfekten Drive.

Vermessungen

Als 1941 die US Open in Colonial ausgetragen wurde, stellte ich fest, daß die Bäume und Büsche, die als 150-Yard-Markierung (135 Meter) dienten, entfernt worden waren. Ich schrieb an die amerikanische PGA und fragte nach dem Warum, zumal ich gerade auch in unserem Club Bäumchen als 150-Yard-Markierung pflanzen ließ. Die PGA antwortete mir, das Anbringen von 150-Yard-Markierungen sei zwar nicht verboten, aber kein PGA-Turnier könne auf einem Platz ausgetragen werden, dessen Spielbahnen derlei Erleichterungen vorwiesen. Daher setzte ich im Austin Country Club statt der geplanten Bäumchen Rohre und weiße Stöcke als Markierungen. Diese konnte ich jederzeit für ein Turnier entfernen. Wofür ich allerdings immer wieder gescholten wurde, da ich dadurch den Lokalmatadoren einen Vorteil gegenüber den auswärtigen Turnierteilnehmern verschaffte.

Heutzutage kennt auf den Profi-Touren jeder Spieler bei jedem Schlag haargenau die Entfernung. Zudem bekommt er vor dem ersten Abschlag vom Veranstalter die exakt vermessenen Fahnenpositionen mitgeteilt.

Das genaue Wissen über die Entfernung ist eine große Hilfe, stärkt es doch das Vertrauen in den Schlag. Auf nahezu allen Plätzen, ob privat oder öffentlich, sind heute Bäume und Büsche als 150-Yard- oder 150-Meter-Markierung gepflanzt. Darüber hinaus geben in vielen Clubs Längenangaben auf den Sprinkler-Deckeln weitere Entfernungs-Informationen.

Früher wurde die Entfernung nur mit den Augen und dem Gefühl geschätzt. Ben Hogan war hierin ein wahrer Meister. Während den Dreharbeiten zur amerikanischen Fernseh-Show »Shell's wunderbare Welt des Golfs« widersprach Hogan einer Scorekarte, die für eine Par-3-Bahn 139 Meter bis zur Grünmitte angab. »Diese Angabe ist falsch«, beharrte Hogan, nachdem er sich das Loch genau angesehen hatte, »es müssen 136 Meter bis zur Grünmitte sein.« Man maß nach – und Ben hatte recht.

Auch Tom Kite hatte ein hervorragendes Gefühl für Entfernungen.
Heute lassen sich die Pros von ihren Caddies im Vorfeld des Turniers auf jeder Bahn von Bunkerkanten und Büschen die Entfernungen notieren. Sofern ich mich richtig erinnere, war es Dean Beman, der heutige PGA-Geschäftsführer, der zu seinen Spielerzeiten das eigene Vermessen der Turnierplätze einführte. Perfektioniert wurde das Verfahren von Jack Nicklaus.

Kurz und lang

Während einer Golf-Demonstration wurden Jack Burke jun. und ich über den Schlag mit dem langen Eisen zum Grün befragt.
»Ich schlage den Ball immer zur Mitte des Grüns«, verriet Jack. »Manchmal läuft der Ball dann noch bis zur Fahne.«
Aus einer Entfernung von 135 Metern kann jeder gute Golfer problemlos die Fahne attackieren, sofern die Grüns weich sind. Problematisch wird es erst, wenn der Platz trocken und somit hart ist. Die Spieler wollen dann vom weiten Ausrollen des Balles profitieren und versuchen sich in sehr langen Abschlägen, um danach einen kürzeren Schlag zum Grün zu haben. Oft landen sie dabei mit dem Abschlag aber an einer Stelle, von der sich das Anspielen der Fahne entweder als sehr schwierig oder gar als unmöglich erweist.
Ein Durchschnittsgolfer sollte aus einer Entfernung von 135 Metern zur Fahne nicht mehr als drei Schläge bis zum Einlochen benötigen. Sofern er das Eisen 7, 6 oder 5 (je nachdem, welchen Schläger er für 135 Meter benötigt) ausreichend geübt hat, kann er beim Grünanspiel voller Selbstvertrauen zu Werke gehen. Er hat nichts anderes zu tun, als den Ball auf die Mitte des Grüns zu spielen. Und manchmal läuft der dann sogar noch bis zur Fahne.

Kompliment!

Ich glaube, Walter Hagen, Horton Smith und Ben Hogan als die drei bestangezogenen Golfer bezeichnen zu dürfen. So wie ich das sehe, hatten sie ebenso viel Stil wie Klasse.

Jimmy Demaret präsentierte sich seinem Publikum stets in einem sehr farbenfrohen Outfit. Was an ihm gut aussah, aber nicht an den Menschen, die es ihm nachmachten.

Hogan kleidete sich in einer guten Mischung aus hell und dunkel, was ihn auf Fotos immer sehr gut in Szene setzte. Hagen und Smith trugen stets Krawatten, langärmlige Hemden und frisch aufgebügelte Knickerbocker. Während der großen Depression verschwanden die Knickerbocker aber immer mehr vom Golfgeschehen. Die Leute konnten sich die zwölf Dollar, die das Paar Kniestrümpfe aus Wolle kostete, einfach nicht mehr leisten. Sie kauften sich lieber ein paar lange Hosen, die gute Strümpfe überflüssig machten.

Manchmal hielt Hogan Verkaufs-Trainings-Seminare in völlig zerknitterter Kleidung ab. Nach etwa der Hälfte der Veranstaltung verließ er dann kurz das Geschehen, um elegant und wie aus einem Ei gepellt zurückzukehren. »Von wem würden Sie lieber kaufen – vom ersten Kerl oder von mir?« fragte er dann.

Professionelle Golfer gehen auf den Golfplatz, um das Publikum zu unterhalten. Meiner Meinung nach sollten sie auch in Bezug auf geschmackvolle Kleidung stets beispielhaft vorangehen. Aber ich fürchte, in diesem Punkt bin ich hoffnungslos altmodisch.

In meinen Augen kleiden sich Damen weitaus besser als Männer.

«Meine« Jungs

Ich habe es immer als Segen betrachtet, vier große Spieler von deren frühester Golf-Jugend an betreuen und trainieren zu dürfen. Ich würde nie versuchen, diese vier miteinander zu vergleichen, um den Besten auszumachen. Denn jeder für sich machte seinen Weg nach oben.

Ich rede von...

...Ed White, der als reiner Amateur viel von sich reden machte. Er schlug Fred Haas jun. im Finale um die amerikanischen Studenten-Meisterschaften im Congressional Country Club bei Washington. Der Vater des Unterlegenen, D.C. Fred, attestierte Ed später, das beste Spiel geboten zu haben, das er je gesehen hätte. Ed wechselte niemals ins Profi-Lager über. Zu seiner Zeit waren die Preisgelder nicht hoch genug, um ihm diesen Schritt interessant erscheinen zu lassen.

... Morris Williams jun., der bei einem Flugzeugabsturz ums Leben kam, als er gerade auf der Tour Fuß faßte. Ich hatte damals die traurige Pflicht, seinen Eltern die Nachricht zu überbringen, die beide als Sportreporter bei einer Austiner Tageszeitung arbeiteten. Sein Vater brach ohnmächtig in meinen Armen zusammen.

... Tom Kite, der Preisgeld-König aller bisherigen Golfer-Zeiten.

... und Ben Crenshaw, der die US Masters gewann.

Ein weiterer ganz besonderer Schüler war für mich auch der inzwischen verstorbene Davis Love jun.. Er kam zu mir im Alter von 17 Jahren und spielte vier Jahre lang für die Universität von Texas. Davis war schon als Student so gut, daß er sich für die Masters qualifizieren konnte. Aber es drängte ihn niemals auf die Tour. Er sah seine Zukunft im Beruf des Golflehrers – und er wurde einer der Besten. Sein Sohn, Davis Love III. hingegen wurde ein Spitzenspieler. Er kam zwar mal zu mir für einige Trainerstunden. Aber ich hatte dem, was ihm von seinem Vater mit auf den Weg gegeben worden war, nichts hinzuzufügen.

Chip oder Pitch?

Entscheiden Sie sich für den Chip, wenn

1. der Ball schlecht liegt,
2. das Grün sehr hart ist,
3. Sie aus einer Bergab-Lage heraus spielen,
4. der Wind Ihren Schlag beeinflussen könnte,
5. Sie unter Druck stehen.

Wahrscheinlich werden Sie sich für den Pitch entscheiden, wenn

1. der Ball gut liegt,
2. Sie aus einer Bergauf-Lage heraus spielen,
3. das Grün sehr weich ist,
4. es ein Hindernis zu überwinden gilt.

Voraussetzung ist natürlich, daß Sie beide Schläge beherrschen. Der erfahrene Spieler kann einen schwierigen Chip auch mit der Sand-Wedge spielen, was für den Spieler mit einem hohen Handicap ein sehr riskanter Schlag wäre.
Ein verbreiteter Fehler beim Pitch-Schlag ist, daß der Spieler die Arme anzieht. Dies passiert, wenn der Schlägerkopf während des Schwungs die Hände überholt. Zur Korrektur lasse ich meine Schüler einen flachen Pitch machen. Ganz so, als ob Sie unter einem Kartentisch oder ganz tief hängende Zweige hindurchspielen müßten. Dadurch werden die Schüler gezwungen, den Loft des Schlägerblattes alleine wirken zu lassen. Greifen Sie beim Schlag mit der Sand-Wedge, unabhängig der zu überwindenden Entfernung, den Schläger ganz normal. Den Schläger kürzer zu fassen bewirkt, daß Sie den Kopf sehr senken müssen, was wiederum ein Abwinkeln des linken

Arms im Treffmoment nach sich zieht. Sie werden zu früh in den Boden schlagen, oder den Ball gar toppen.
Ob beim Chip oder beim Pitch – lassen Sie den Schlägerkopf niemals Ihre Hände überholen.
Nachfolgenden Wedge-Schlag sollte jeder Golfer beherrschen. Er hilft aus schwierigen Lagen, wie unter Bäumen hervor oder von extrem kurzgeschnittenen und entsprechend harten Fairway-Stellen. Spielen Sie den Ball vom rechten Fuß. Schließen Sie das Schlägerblatt, bis es rechtwinklig zur Ziellinie steht, wobei die Schlägersohle nicht auf dem Boden aufliegt. Überprüfen Sie Ihre Ausrichtung zum Ziel. Das Gewicht ruht etwas mehr auf dem linken Fuß, so werden Sie den Ball am tiefsten Punkt des Abschwungs treffen. Das Ergebnis wird ein flacher Schlag mit sehr viel Backspin sein. Dies ist keineswegs ein Trick-Schlag, sondern ein Schlag, der relativ einfach auszuführen ist.
Ich brachte diesen Schlag einem meiner Lieblingsschüler, dem späteren Staats-Senioren-Meister Bill Penn, bei. Als er später vom Platz zurückkam, beschwerte er sich. »Harvey«, so meinte er, »ich möchte Schläge lernen, die hundertprozentig funktionieren. Dieser Schlag klappt bei mir nur in drei von vier Fällen. Einmal habe ich danach zwei Putts benötigt.«

Außer Sichtweite

Mit zunehmendem Alter muß ich ein immer besserer Lehrer geworden sein. Denn immer mehr meiner Schüler schlagen den Ball so weit, daß ich ihn nicht bis zum Ende verfolgen kann. Oder sollte etwa meine Sehkraft nachlassen?

Der Durchschwung

Bevor man sich als Lehrer um die richtige Stellung der Schlagfläche im Treffmoment kümmert, heißt es, dem Schüler ein gutes Schwung-Finish beizubringen. Das richtige Finish ist sehr wichtig. Spiegelt es doch den Schwung wieder, der vorangegangen ist.

Aufnahmen haben bewiesen, daß der Ball die Schlagfläche den Bruchteil einer Sekunde nach dem Treffmoment verläßt. Der Durchschwung hat also keinen unmittelbaren Einfluß mehr auf den Ball. Aber: Ein gutes, optisch schönes Finish kann nur auf einen korrekten Schwung folgen.

Ich lasse meine Schüler nach dem Schlag oft einige Sekunden in der Finish-Position verharren, um sie ihren Durchschwung analysieren zu lassen. Dabei achte ich sehr darauf, daß es wirklich das Finish ist, das der Schüler am Ende seines Schwungs machte. Denn ein nachträglich verbessertes Finish sagt natürlich überhaupt nichts mehr über den Schlag aus.

Ein korrekter Schwung endet in einem Finish, bei dem das Gewicht auf den linken Fuß verlagert ist und die Ellbogen vor dem Körper liegen.

Auf der Driving-Range kann man sich nach einem guten Schlag ruhig einmal »in Pose« stellen. Erfreuen Sie sich an Ihrem guten Schlag – und konzentrieren Sie sich darauf, wie sich ein gutes Finish anfühlt. Auf dem Golfplatz aber bringt das Sich-in-Pose-Stellen gar nichts. Auf dem Platz ist es egal, ob Sie im Durchschwung etwas nach hinten fallen oder das Gleichgewicht verlieren, solange der Ball gut getroffen ist. Schließlich bekommt man im Golf keine Stilnoten, die Aufgabenstellung heißt einzig und allein, den Ball zum Ziel zu bringen.

Wenn Sie aber auf dem Platz einen guten Schlag machen und Ihr Schwung auch noch in einem schönen Finish endet, dann haben Sie doppelten Grund zur Freude.

Ein klein Wenig

Der Golfschwung ist zwar eine Gesamt-Bewegung, die jedoch aus vielen kleinen Einzel-Elementen besteht. Um es mit Dutch Harrisons Worten zu sagen: »Ein klein Wenig ist kein klein Wenig.«

Dies will heißen, daß sich schon die kleinste Abweichung von der Ideal-Situation im Treffmoment während der Flugbahn zu einem großen Fehler ausweiten kann. Wenn die Schlagfläche im Treffmoment nur um zwei oder drei Grad verkantet ist, so wird der Ball nach 200 Metern das Ziel um zwanzig bis dreißig Meter verfehlen.

Vier Dinge sind es, die einen guten Schlag ausmachen:

1. Die Ausrichtung der Schlagfläche.
2. Die Schwungrichtung des Schlägers.
3. Die Geschwindigkeit des Schlägerkopfes im Treffmoment.
4. Das Treffen des Balles mit dem Sweet-Spot.

Es wird so viel über den Schwung gesprochen, daß darüber oftmals die Stellung der Schlagfläche im Treffmoment vergessen wird. Dabei ist sie für das Gelingen des Schlages ebenso wichtig wie ein korrekter Schwung.

Viele Golfer glauben aufgrund der sogenannten »Slice-Striemen« auf der Schlägersohle ihrer Hölzer, daß sie von außen nach innen schwingen. Dabei könnte es genauso gut sein, daß ein im Treffmoment verkanteter Schlägerkopf diese Striemen verursacht hat.

Die rechtwinklige Ausrichtung der Schlagfläche zur Flugrichtung gibt Ihnen die größte Chance, im Treffmoment square durch den Ball zu schwingen.

Es gibt aber Golfer, die den Ball schon mit einer offenen Schlagfläche ansprechen. Und es gibt andere, die den Ball mit einem geschlossenen Blatt ansprechen, was auch nicht viel besser ist. Wenn ich diesen Spielern dann zeige, wie eine rechtwinklig ausgerichtete Schlagfläche aussieht, sind sie meistens sehr verwundert.

Es ist ein einzigartiges Gefühl, einen Ball square und mit dem Sweet-Spot zu treffen. Übrigens: Der Sweet-Spot ist ein »No roll«-Punkt, wie die Amerikaner sagen würden. Denn ein am Sweet-Spot getroffener Ball wird immer schnurgerade, ohne jeglichen Seitendrall, fliegen. Wenngleich jeder Golfer nach diesem Schlag trachtet, so gelingt er zumeist nur zufällig.
Einem Durchschnittsgolfer werden auf 18 Löchern nur in den seltensten Fällen mehr als drei am Sweet-Spot getroffene Bälle gelingen. Sogar ein Ben Hogan ging in seinen besten Tagen davon aus, während einer Runde den Ball nur ein einziges Mal am Sweet-Spot zu erwischen. »Wenn ich den Sweet-Spot vier- oder fünfmal treffen würde, würde ich Fünfziger-Runden nach Hause bringen«, so war seine Überzeugung.
Aber denken Sie daran: Es geht nicht darum, wie gut Ihre guten Schläge, sondern darum, wie schlecht Ihre schlechten sind.
Selbst Anfängern widerfährt es ab und an, den Ball mit dem Sweet-Spot zu treffen. Dieses Erlebnis motiviert sie dann, dem Golfsport treu zu bleiben, um dieses Gefühl erneut empfinden zu können.
Der bewußte Versuch, die Schlagfläche square an den Ball zu bekommen, ist wenig erfolgversprechend. Das Treffen des Balles mit dem Sweet-Spot ist die Belohnung für eine gute Schwungbewegung.
Die meisten Golfer geben unumwunden zu, daß sie »golfverrückt« oder auch »golfsüchtig« seien. Effektiv süchtig sind sie nach dem Erlebnis, gute Schläge zu machen. Je öfter auch Sie die Schlagfläche im Treffmoment square an den Ball bringen, desto mehr wird dies auch Ihre Sucht steigern.
Vergessen Sie dabei nicht: Ein klein Wenig ist kein klein Wenig.

Poetisches

Die Zeiten haben sich nicht geändert! Dorothy Bible, die Gattin des bekannten Football- und Leichtathletik-Trainers der Universität von Texas, D.X. Bible (der, ganz nebenbei bemerkt, Drives mit dem größten Krafteinsatz schlug, an den ich mich erinnern kann), schickte mir einst nachfolgendes Gedicht, das am 19. Juni in der Zeitschrift »Star« in Lincoln, Nebraska, veröffentlicht worden war.

Trostlos
(frei nach Edgar A. Guest)

Ich fand ihn unter einem Baum.
»Was stimmet nicht« so fragte ich
»Daß Du so ernst gestimmt
An diesem schönen Sommertag?«
»Die Vögel droben singen mächtig
Die wilden Blumen blühen prächtig
Was ist's bloß für ein furchtbar Ding,
Das Deinen Untergang besiegelt«

»Um Dich herum tollen Kinder
Und eine leichte Brise weht
Trauriger Fremder, soll ich beten
Daß Dir der Kummer mag vergeben«

»Ich sehe nicht der Sonnenstrahlen Tanz
Noch höre ich die Vögel«, so er darauf
»Ein Fehler ergriff meinen Schwung
Und läßt meinen Ball nun am Abschlag bleiben«

»Den ganzen Tag schlug ich nur Sockets
Und meine Putts sahen nie das Loch
Ich tu' was, was es nicht zu tun gilt
Ich glaube, ich schau' auf.«

»Du Armer«, so ich mitleidsvoll
»Dir kann niemand helfen

Den Kummer, den Du mit Dir trägst
Gegen den kämpf' ich seit dreißig Jahren selbst«

»Und dennoch socketiere ich noch immer
Und slice meine Drives
Ohne Hoffnung, daß sich's bessert
Solange ich auf dieser Erden weil«

»Die Zeit mag alle Wunden heilen
Und alle anderen Sorgen stillen
Des Golfers Jammer aber wäret ewig
Für das gibt's kein End'.«

Das große Match

Seien Sie, wie Sie immer sind. Tun Sie nichts, was Sie nicht auch sonst täten. Wenn Sie gewöhnlich mit zwei Drinks die Abendstunden einläuten, dann gönnen Sie sich diese auch am Vorabend des großen Matches. Gehen Sie zur gleichen Zeit wie stets zu Bett. Und essen Sie zur gleichen Zeit wie immer das gleiche wie sonst.

Machen Sie sich bewußt, daß der Ausgang Ihres großen Matches einzig von Ihrer inneren Einstellung abhängt. Vermeiden Sie daher alles Neue und Ungewöhnliche. Sie würden damit Ihre Golf-Gedanken nur in die falsche Richtung lenken. Verschwenden Sie nicht den kleinsten Gedanken an den Match-Ausgang. Das Ergebnis liegt in der Zukunft. Für Sie gilt, gegenwärtig zu sein. Wärmen Sie sich am Tag Ihres großen Matches wie immer auf. Schlagen Sie normalerweise zwanzig Bälle und gehen dann direkt zum ersten Abschlag? Dann tun Sie dies auch heute! Ihre überforderten Muskeln werden es Ihnen kaum danken, wenn Sie plötzlich dazu übergehen, hunderte von Bällen zu schlagen. Es sei denn, Sie wärmen sich auch sonst mit dem Schlagen eines ganzen Eimers von Bällen auf. Dies ist übrigens auf keinen Fall der Moment, etwas an Ihrem Schwung oder Griff zu ändern. Heute gilt »so zu tanzen, wie Sie es bislang auch taten«.

Verdrängen Sie auch auf dem Weg zum ersten Tee alle Gedanken an den Matchausgang oder an Ihren späteren Score. Denken Sie immer nur an den bevorstehenden Schlag. Sandra Haynie, die in Austin und Fort Worth aufwuchs und aufgrund ihrer Erfolge Aufnahme in die Hall of Fame der LPGA (Ladies Professional Golf Association) fand, schaute niemals ihren Mitspielern beim Schlagen zu. Wenngleich dies nicht unbedingt jedem Golfer zu empfehlen ist, so hilft es vielleicht gerade Ihnen, die Konzentration für den eigenen Schlag zu erhalten.
Versuchen Sie, jeden Schlag so gut wie nur möglich zu spielen – im Rahmen Ihrer Ihnen bekannten Möglichkeiten. Machen Sie einen Schlag nach dem anderen. Und *denken Sie immer nur ans Ziel!*

Bergauf und -ab

Ein bergauf geschlagener Ball läuft schnell Gefahr, zu einem Pull zu werden. Denken Sie im Falle der Uphill-Lage daran!
Gehen Sie daher mit Ihrem Berg-Bein etwas mehr in die Knie, während Sie gleichzeitig das Tal-Bein etwas mehr strecken. Sie werden den Ball etwas mehr vom rechten Fuß spielen, was nicht bedeutet, daß Sie das rechte Bein stärker belasten sollten.
Liegt der Ball bergab, dann strecken Sie das Tal-Bein und gehen Sie gleichzeitig mit dem anderen etwas mehr in die Knie. Wieder steht die Hüfte parallel zum Boden. Plazieren Sie den Ball etwas mehr zum rechten Fuß. Die Schläger-Sohle wird ganz natürlich aufgestellt, so, wie sie vom Hersteller für das Spiel vom geraden Boden konzipiert wurde.
Der Ball wird wahrscheinlich etwas nach rechts gehen. Versuchen Sie aber nie, aus einer Downhill-Lage einen Slice zu schlagen. Die Socket-Gefahr ist viel zu groß.

Das Spiel im Wind

Mein Freund Jimmie Connolly, ein sehr guter Spieler, hatte immer Schwierigkeiten beim Spiel im Wind. Am Abend vor seinem 36-Löcher-Match im starken Wind um die texanischen Amateur-Meisterschaften fragte er mich um Rat. Nachfolgend gebe ich wieder, was ich ihm damals sagte:
«Wind verführt die Menschen, eiliger zu agieren. Ich bin daher davon überzeugt, daß im windigen Monat März mehr Unfälle auf und abseits der Golfplätze passieren, als in jedem anderen Monat.
Das Hauptaugenmerk beim Spiel im Wind sollte bei jedem Schlag, auch beim Putt, auf der Körper-Balance liegen. Versuche auf keinen Fall, schneller zu handeln oder zu schwingen. Agiere einfach wie immer. Tee' aber bei Gegenwind den Ball etwas niedriger auf. Und bei Rückenwind etwas höher.
Scratch-Spieler und Pros beherrschen den sogenannten »Demaret Quail Schlag«. Aber für den Durchschnittsgolfer ist dieser ausgesprochen flache und somit lange Schlag nicht zu empfehlen, weil er ein hohes Maß an präzisem Timing und Erfahrung voraussetzt.
Stattdessen gilt es bei Gegenwind, ein bis zwei Schläger mehr zu nehmen als an normalen Golftagen. Versuche dann auf keinen Fall, den Ball bewußt flach zu halten. Der niedrigere Schlägerloft läßt den Ball ganz automatisch tief fliegen.
Andererseits gilt es bei Rückenwind, zu ein bis zwei Schlägerlängen weniger zu greifen. Steigen wird der Ball von ganz alleine.
Denke insbesondere immer daran: Der Wind bläst für Deine Gegner ebenso stark wie für Dich. Nimm' Dir also Zeit. Und laß' Dich auf keinen Fall vom Wind verführen, schneller zu schwingen oder härter zu schlagen.«
Am nächsten Tag gewann Jimmie Connolly mit 5/4 den Titel.

Titanic Thompson

Austin liegt verkehrsgünstig zwischen Fort Worth, Dallas, San Antonio und Houston. Und so wurde unsere Stadt ein beliebter Treffpunkt für Reisende in Sachen Zocker-Matche.
Eines Tages erzählte mir Ben Hogan von einem Mann namens Alvin C. Thomas, der später als »Titanic Thompson« in die Wett-Geschichten eingehen sollte. Dieser Thomas hatte angekündigt, eines Tages einen Aufenthalt in Austin für eine Runde Golf nützen zu wollen. »Er kann sowohl links als auch rechts herum spielen«, berichtete mir Hogan. »Und ob so oder anders herum, Du wirst ihn nicht schlagen können.«
Eines Sonntagnachmittags saß ich in meinem Pro-Shop, als ein Fremder eintrat und sich selbst als »Herman Kaiser von Ardmore, Oklahoma« vorstellte. Er zeigte mir seine PGA-Karte und fragte an, ob er eine Runde spielen könne. Ich erlaubte es ihm, worauf Kaiser einen großen, stattlichen Begleiter in den Pro-Shop zog. »Und das ist mein Freund, Herr Thomas. Ein Amateur-Mitglied meines Clubs«, wurde mir dieser vorgestellt. Als Kaiser den Pro-Shop verließ, fragte mich Thomas, ob ich mitspielen wollte. Ich verneinte.
Während sie noch die ersten neun Bahn spielten, kam eines unserer Mitglieder, das bekannt dafür war, stets um hohe Einsätze zu spielen. Ich erzählte ihm von Thomas – und was ich durch Ben Hogan von ihm erfahren hatte. »Harvey, die schlagen wir! Laß sie uns am zehnten Abschlag abfangen und die zweiten Neun mit ihnen zocken«, forderte mich das wettlustige Mitglied mit strahlenden Augen auf. Als er versprach, im Falle einer Niederlage meinen Einsatz zu übernehmen, willigte ich ein.
Während ich mich warmschlug, kamen Thomas und sein Freund zum zehnten Abschlag. Thomas setzte sich auf eine Bank und ermöglichte mir einen Blick auf seine spikelosen, einfachen Segeltuch-Schuhe. Ich erzählte ihnen, daß wir gerne »um etwas« spielen würden. »Klar«, antwortete Thomas. »Um was immer Euer Herz begehrt. Einen Dollar, zehn Dol-

lar, hundert Dollar, tausend Dollar das Loch – ganz wie Ihr wollt.« Gleichzeitig erblickte ich ein daumengroßes Loch in seiner Schuhsohle.
Ich schlug vor, das Loch um fünfzig Dollar zu spielen. Was für mich ein Haufen Geld war.
Wir begannen zu spielen. Am dritten Loch stießen fünf oder sechs Zuschauer zu uns, die sich bis dahin im Clubhaus dem Poker-Vergnügen hingegeben und dabei von unserem Match erfahren hatten. Titanic zog einen Haufen Hundert-Dollar-Scheine aus seiner Tasche und fragte mich, ob sie dieses Geld wohl gerne hätten.
Etwa am sechsten Loch meinte Thomas, daß ihm der Platz sehr gut gefalle und er sich ernsthaft überlege, einige Zeit hier zu bleiben. Dazu muß erwähnt werden, daß diese Runde wenige Tage vor Weihnachten stattfand. Während Thomas noch sein Weihnachtsprogramm festlegte, holte er aus seinem Golfbag ein kleines braunes Säckchen der Art, in dem normalerweise Süßigkeiten verpackt sind. »Möchtest Du Deiner Frau was Schönes zu Weihnachten schenken?« fragte er mich. »Dann gib' ihr ein paar von denen.« Der Sack war voller Diamanten. Ich lehnte dankend ab.
Nachdem sie einige lange Putts gelocht hatten, gewannen Thomas und sein Partner mit »1 auf«.
Später kam Thomas noch einmal zu mir in den Pro-Shop und kaufte für fünfzig Dollar ein. Offensichtlich wollte er das wettmachen, was ich verloren hatte. »Ich hatte heute verdammt viel Glück«, erklärte er. »Eigentlich hattet Ihr den Sieg schon so gut wie in der Tasche.«
Einige Monate später sah ich in der Zeitung ein Bild von Thomas' Partner. Herman Kaiser war abgebildet, weil er die US Masters gewonnen hatte.
Immer wieder wurde unser Platz von zockwilligen Golfern besucht.
Ein stattlicher Mann, der von sich behauptete, Indianer zu sein, forderte mich eines Tages heraus, wobei ich mit meinen Schlägern und er mit einer Stein-Schleuder spielen sollte. Ich

nahm die Wette an. Sein kurzes Spiel war dann auch wirklich bemerkenswert gut. Aber sein langes Spiel ließ ihn zu oft im Stich, um mich zu schlagen.

Die komischste Wette war wohl die, die ein gewisser Herzog von Paducah und ein Mann, den alle nur »Masket Marvel« (Maskiertes Wunder) nannten, anboten. Der Duke verkaufte zahlreiche Zuschauertickets für das große Match zwischen dem Maskierten und dem besten Spieler des Clubs. Es wurde beschlossen, mich antreten zu lassen.

Bald fanden wir aber heraus, warum sich mein designierter Gegner nur maskiert in der Öffentlichkeit zeigte. Erkundungen ergaben nämlich, daß die beiden Gauner beabsichtigten, möglichst viele Tickets zu verkaufen und dann noch vor dem Match das Weite zu suchen. Natürlich sagten wir daraufhin das Match ganz schnell wieder ab, und wir forderten die beiden Schlitzohren ultimativ auf, die Stadt sofort zu verlassen.

Ein weiteres Mal hing ein wettbegeisterter Gast herum, als Wilmer Allison, ein nicht gerade für große Wetteinsätze bekanntes Clubmitglied, des Weges kam und laut anfragte, ob jemand gegen ihn spielen möchte. Die Augen des Wetters begannen zu glänzen. »Ich möchte gerne. Um wieviel soll's denn gehen«, erklärte er sich. Worauf Willmer in seiner trockenen Art antwortete »Um das Übliche – fünfzig Pfennig die Runde.«

Unter unserem lauten Gelächter ergriff der Wetter seinen Bag und entschwand auf Nimmerwiedersehen.

Kunstschläge

Das Trick-Golf ist leider eine sterbende Kunst.

In den zwanziger und dreißiger Jahren war Golf ausschließlich ein Sport der Reichen, während Baseball das Spiel des Volkes war. Dies war lange bevor Arnold Palmer auf der grünen Bühne erschien und Golf allen Bevölkerungsschichten zugänglich machte.

In jenen Tagen galt es für den geldbeutelbewußten Pro, einige Kunstschläge zu erlernen und diese dann vor Publikum vorzuführen.

Ich erinnere mich noch gut an eine meiner Vorführungen in der Pause zwischen zwei Baseball-Spielen. Kaum hatten die Zuschauer mich in meinen Knickerbocker und Kniestrümpfen erblickt, ertönte ein lautes Pfeif- und »Buh«-Konzert. Die Menge beruhigte sich erst wieder, als ich einige Schläge mit schönen Rechts- und Linkskurven machte. Dann legte ich zwei Bälle übereinander und schlug den unteren mit dem Eisen 7 runde hundert Meter weit, während der obere Ball kerzengerade in die Luft stieg und von mir aufgefangen wurde. Schon damals konnte fast jeder gute Spieler diesen Kunstschlag – aber die Zuschauer kannten ihn Gott sei Dank noch nicht. Dann legte ich zwei Bälle nebeneinander und schlug beide gleichzeitig, den einen mit einem Hook und den anderen mit einem Slice. Auf halber Flugbahn kreuzten sich ihre Wege.

Außerdem hatte ich einen Schlauch. Einen von der Sorte, mit dem man eigentlich Luft in die Wagenreifen pumpt. An einem Schlauchende war ein Griff, am anderen der Schlägerkopf eines Holz 3 befestigt. Nachdem ich einige Schläge mit diesem eigentlich ungeeigneten Werkzeug gemacht hatte, begann die Menge mich anzufeuern.

Ich nahm einen Linkshänder-Schläger und schlug damit einige Schläge »richtig herum«. Danach drehte ich das Schlägerblatt eines normalen Schlägers auf den Kopf und schlug erneut einige kerzengerade Bälle entlang der Spielfläche. Dieser

Schlag erscheint auf den ersten Blick unmöglich. Der Trick dabei: Ich drehte das Schlägerblatt kurz vor dem Treffmoment blitzschnell und brachte es dadurch square an den Ball, ohne daß dies ein Zuschauer mit bloßem Auge erkennen konnte.
Bei einem weiteren meiner komischen Geräte war ein Stahlball nur mit einer Kette an einem Schlägergriff befestigt. Auch mit diesem »Schläger« schlug ich einige Golfbälle etwa neunzig Meter weit.
Als ich am Ende der Vorführung das Eisen 7 über die Mittellinie des Feldes schlug, applaudierten mir die Zuschauermassen stürmisch zu. Ich bin eigentlich nie sonderlich scharf auf Applaus gewesen. Dieser Applaus klang aber natürlich viel, viel besser in meinen Ohren als die Buh-Rufe, die mich empfangen hatten.
Die besten Kunstschläge, die ich je gesehen habe, machte Joe Kirkwood. Sein Paradeschlag war dabei einer, den er bei jeder Vorführung nur einmal zeigte: Er plazierte den Ball – mit seinem Rücken zum Grün – bergauf in der Kante eines Grasbunkers. Dann schlug er den Ball über sich selbst rückwärts zur Fahne. Der Ball kam regelmäßig in einem Umkreis von drei Metern zum Ziel zur Ruhe!
Eines Tages wurde Joe von einem Film-Team engagiert, das unbedingt ein Hole-in-One filmen wollte. Zu allem Überfluß wollten die Kameraleute einen Schlag, bei dem der Ball über die Fahne geschlagen und dann mit viel Backspin zurück ins Loch laufen sollte.
Das Kamerateam reiste mit einer Unmenge von Film-Reserven an. Ging man doch davon aus, daß das »Unternehmen As« mehrere Tage dauern würde. Aus 138 Metern benötigte Joe dann aber gerade mal acht Versuche, um das scheinbar Unmögliche zu schaffen.
Joe wird übrigens am siebten Loch von Brackenridge Park mit einer Gedenktafel gedacht, die die Stelle im tiefsten Rough markiert, von der aus er einen Ball um die Bäume herum aus dem Wald aufs Grün schlug. Ein Schlag, mit dem er den Grundstein zu seinem Texas Open-Sieg legte.

Die Zuschauer haben sich oft gefragt, warum jemand wie Joe nicht jedes Turnier gewinnen würde. Auch von mir darauf angesprochen, meinte Joe: »Vielleicht könnte ich es ja – aber leider ist nicht jeder Schlag ein Kunstschlag.«
Ein anderer großer Kunstschlag-Artist, der einer meiner guten Freunde werden sollte, war Paul Hahn. Einmal gaben wir im Austin Country Club ein Demonstrationsspiel, nach dem Paul noch seine Trick-Show zum Besten gab. Hauptberuflich arbeitete er übrigens für eine Whisky-Brennerei.
Während dieser Show zeigte er auf einen 115 Meter entfernten Telefonkabel-Masten und sagte zu einer französischen Comtesse in der Zuschauermenge, Misses Tips, daß sie eine Flasche Whisky bekäme, wenn er den Masten nicht treffen würde. Er traf den Masten genau in der Mitte.
Danach schickte Paul einen Caddie auf ein neunzig Meter entfernt gelegenes Grün und gab ihm Anweisung, die Fahne herauszunehmen, sobald sein Ball kommen würde. Dann bot er Misses Tips erneut eine Flasche Whisky für den Fall an, daß er den Schlag nicht lochen würde. Sein Schlag landete zwar auf dem Grün und rollte auch in Richtung des Lochs – doch der Caddie war zu nervös, um den Flaggenstock schnell genug aus dem Loch zu nehmen. So traf der Ball die Fahnenstange – und wurde vom Loch weggelenkt.
Die Trick-Künstler der vergangenen Zeiten wurden zwischenzeitlich von den Longhitter-Spezialisten abgelöst. Selbst in meinen besten Golferzeiten konnte ich niemals durch meine Muskelkraft von mir reden machen – wohingegen die modernen Longhitter große, kräftige Athleten sind, die den Ball mit Leichtigkeit über 300 Metern hämmern können. Heute gibt es sogar schon eine eigene Longhitter-Tour – mit ganz erstaunlichen Spielern.
Ich aber vermisse die Trick-Shows der alten Zeiten. Es war für die Trick-Künstler übrigens weitaus leichter, als vielfach angenommen, Hooks und Slices oder hohe beziehungsweise flache Bälle zu schlagen. Es ging nur darum, im richtigen Moment den richtigen Schwung zu machen.

Das einzige, was man aus der Zuschauermenge auf keinen Fall hören wollte, war die Bitte nach einem geraden Ball. Denn der gerade Schlag ist der schwierigste von allen. Nicht umsonst sagte Ben Hogan immer, daß ein gerade geschlagener Ball eigentlich nur ein Zufalls-Ergebnis sein kann.

Die Caddies

Meine Brüder Tom und Tinsley verdienten sich schon lange als Caddie ihr Taschengeld, als es meine Mutter 1914 endlich auch mir erlaubte. 1914, das war das Jahr, in dem ich zur Schule kam. Und das Jahr, in dem ich endlich alt genug war, um von Tom mit zum Golfplatz genommen zu werden.
Es war damals keineswegs so, daß man einfach zum Kreis der Caddies stieß und akzeptiert wurde. Zuviele Jungs warteten auf einen Arbeitgeber, so daß ein Stammplatz in ihrer Gemeinschaft erst erkämpft sein wollte. Ein großer Vorteil für mich war dabei, daß mein großer Bruder Tom der Caddie »Nr. 1« war, also der Chef-Caddie, der den Kunden ihre Begleiter zuwies. Jeder, der mir oder Tinsley, seines Zeichen »Nr. 11«, Ärger bereitet hätte, hätte ernsthafte Probleme mit Tom bekommen.
Der Trainingseifer der Spieler war zur damaligen Zeit noch nicht allzu ausgeprägt. Was auch daran lag, daß mit den eigenen Bällen geübt und ein Caddie für 50 Pfennig die Stunde engagiert werden mußte, um die Bälle wieder einzusammeln. Dies war wirklich kein ungefährlicher Job – mit all den Spielern, die auf ihren Aufsammler zielten. Rückblickend betrachtet, dürfte ich mindestens zwanzig Mal getroffen worden sein.
Ich lernte sehr schnell, die Schwünge eines jeden unserer Club-Spieler nachzuahmen. Was mir eine weitere Einnahme-Quelle bescherte, denn für einen Nickel (fünf Cents, also rund zehn Pfennige) oder einen Dime (zehn Cents) begeisterte ich fortan meine Zuschauer mit Golf-Shows.
Später, als ich längst als Pro beschäftigt war, merkte ich, daß die Caddies nun meinen Schwung imitierten. Lernen durch

Nachmachen – das war schon immer ein guter Weg, das Golfspiel zu erlernen.
Heute gibt es nur noch wenige Caddies in den Clubs. Einerseits, weil die Caddies ein Fixum als Ausgleich für die vielen ereignislosen Stunden verlangen und andererseits, weil es für den Club viel rentabler ist, Golf-Wagen zu vermieten.
Ich vermisse sie allerdings, die zumeist wartenden Caddie-Gestalten. Nicht nur, daß sich unter ihnen einige sehr interessante und wertvolle Charaktere befanden. Sie hatten auch einen großen Anteil an der Wahrung des Geists des Spiels.
Zu meinen Caddie-Zeiten war es uns nicht erlaubt, auf dem Platz zu spielen. Auch nicht gegen die Entrichtung des eine Mark teuren Greenfees. Doch gemeinsam mit meinem Freund Charlie Clark gelang es mir, die Clubmanagerin Misses Reinli zu überzeugen, uns eines Samstags zu frühmorgendlicher Stunde auf den Platz zu lassen. Selbstredend mußten wir dafür Greenfee bezahlen. Wir waren erst am achten Loch, als uns der schottische Clubpro, Bill MacKenzie, erspähte. »Was um alles in der Welt macht Ihr Burschen denn hier«, raunzte er uns mit seinem breiten Akzept an. Wir erklärten ihm, daß wir bezahlt hatten. »Geht sofort zurück und laßt Euch das Geld zurückgeben. Und daß ich Euch ja nicht noch einmal hier draußen erwische«, herrschte er uns an.
Wir waren glücklich, nicht fristlos entlassen worden zu sein.
Meines Wissens war ich der erste Head-Pro, der Caddies das Spielen gestattete. Sie konnten am Samstag morgen abschlagen, mußten aber vor Mittag wieder im Clubhaus sein. Zu jenen Zeiten arbeiteten die Menschen noch fünfeinhalb Tage die Woche – aber die Zeit zum Golfspielen fanden sie immer.

«Ich möchte echt wissen, wovon Harvey eigentlich lebt. Er hängt doch immer nur im Austin Country Club herum«, hörte ich einmal eine Dame sagen.
Alles in allem habe ich immer versucht, meinen Schülern beizubringen, daß sich Golf und Leben sehr ähnlich sind. Weder im Golf noch im Leben bekommt man eine Garantie für Fairness. Und sowohl im Golf als auch im Leben muß man sich genau damit abfinden. Man muß lernen, Enttäuschungen hinzunehmen und Erfolge zu verkraften.
Ein Pro kann sich beispielsweise auch nach einem zweiten Platz und dem entsprechend hohen Preisgeld-Scheck noch schlaflos im Bett wälzen. Weil er, hätte er diesen oder jenen Putt auch gelocht, gewonnen hätte. Während der eine Spieler dies problemlos wegsteckt, hängen dem anderen die Gedanken an »diesen einen«, das Loch um die golf-berühmten Millimeter verfehlenden Putt, noch lange nach.
Es mag auch Leute geben, die es unfair finden, daß ein Ben Crenshaw schon im zarten Alter von zwölf Jahren ein Golf spielte, das andere selbst nach einem trainingsreichen Leben niemals spielen werden.
Auch ich habe an vielen Turnieren und Meisterschaften teilgenommen. Gleichermaßen, um von meinen Mitspielern zu lernen, als auch wegen der Chance, zu gewinnen. Mein Berufsziel »Golf-Lehrer« aber war von frühester Golf-Jugend an abgesteckt – und die Turnierteilnahmen waren nichts anderes als ein wichtiger Teil meines eigenen Lernens.
Golf sagt sehr viel über den Charakter aus. Spielen Sie mit jemandem eine Runde Golf, und Sie werden ihn besser kennen, als nach jahrelang zusammen verbrachter Dinner-Parties.
Schon allein, wie nah der Spieler ans Loch tritt, um seinen Ball da raus zu holen, zeigt, wie weit es um sein Mitdenken und sein Verantwortungsgefühl gestellt ist.
Ich selbst zeichnete vierzig Jahre lang für den Zustand von Golfplätzen verantwortlich – sowohl in meiner Eigenschaft

als Golflehrer als auch als Head-Greenkeeper. Dabei hatte ich unter anderem auch gegen Würmerplagen zu kämpfen. Wobei ich keinen Zweifel an den positiven Seiten der Würmer aufkommen lassen möchte. Sie lüften die Grüns – und ihre natürlichen Hinterlassenschaften sind allerbestes Düngemittel. Nur – zuviele Würmer bedeutete zuviel Düngemittel. Um dies zu verhindern, übersprühte ich die Grüns mit etwas Lauge, ließ die Sprinkler laufen – und konnte beobachten, wie die Würmer bald ihre unterirdischen Verstecke verließen. Mit einer langen Stange wischten meine Männer und ich sie dann vom Grün und sammelten sie mit Eisenrechen ein. Pestizide habe ich bei meinen sagenumwobenen Kämpfen um das natürliche Würmer-Gleichgewicht niemals benötigt.
Nur mit Spaten verschafften wir unseren Vorgrüns ihre lebenswichtige Aerifizierung. Zwei Mann hoch gruben wir dabei im Frühjahr vier bis fünf Tage lang, ehe alle 18 Grüns ihre benötigte Pflege erfahren hatten.
Auf den meisten Plätzen waren (und sind) Vogelhäuschen um die Grüns aufgestellt. Immer, wenn wir viele Vögel um die Grüns bemerkten, wußten wir, daß wir ein Insekten-Problem hatten.
Als ich 1923 meine Stelle als Pro im 1898 gegründeten Austin Country Club (der somit einer der ersten Golfclubs in Texas ist) antrat, hatte er Sandgrüns. Wie übrigens die meisten amerikanischen Plätze jener Tage. Bis zum 2. März 1914 verfügte Austin auch nur über neun Spielbahnen.
In diesem Zusammenhang fällt mir ein: Wußten Sie, daß die Bezeichnung »Tee-Boxen« noch aus der Zeit kommt, als für den Abschlag eine kleine Erhebung aus Sand geformt wurde, von der aus der Ball geschlagen wurde. Den dafür benötigten Sand entnahmen die Spieler aus den Boxen neben dem Abschlag.
1924 überzeugte ich den Club-Vorstand, unseren alten Platz auf Grasgrüns »umzurüsten«. Als Vorbild dienten mir dabei die Bermuda-Gras-Grüns von Austin Muny, wo mein Bruder Tom später als Pro beschäftigt sein sollte.

Als der Austin Country Club zum Riverside Drive umsiedelte, entschied sich der Architekt Perry Maxwell für Bentgras-Grüns. Später zogen wir noch einmal um – auf unseren heutigen Pete-Dye-Platz in den Hügeln entlang des Sees. Gepflegt habe ich all diese drei Plätze.
In den alten Tagen, als die Spielbahnen des Dallas Country Clubs immer mehr gedüngt werden mußten, übernahm Al Badger einmal den gesamten Kuhdung von Fort Worth, den er dann gleichmäßig auf all seine Spielbahnen verteilte. Das Ergebnis stank wirklich fürchterlich und das im Highland Park mit seiner sehr noblen Nachbarschaft! Der arme Al hat sich für diese Fehlentscheidung lange Zeit viel anhören müssen. Hätte er doch nur zu Kaninchen-Mist gegriffen – nicht ein unangenehmes Lüftchen hätte die Spielfreude beeinträchtigt. Nur, woher hätte er genug Hasen und Kaninchen nehmen sollen, um alle Fairways ausreichend düngen zu können? So aber stank der ganze Highland Park, Heimat des Dallas Country Clubs, über Monate hinweg nach Kuh-Mist.
Als der alte Hof in Austin abgerissen wurde, entdeckten wir auf dem Dachboden zentimeterdick natürliche Fledermaus-Hinterlassenschaften. Mit einem alten Lastwagen brachte ich diesen wertvollen Dünger zum Austin Country Club. Auf dem Weg dorthin fuhren wir an der Hochschule und meiner Tochter Kathryn vorbei. Angesichts meiner doch ungewöhnlichen Fracht entschied sie sich spontan, mich nicht zu kennen.
Ich habe die Entwicklung des Austin Country Clubs von einer Neun-Löcher-Sandgrün-Anlage zum herausforderungsvollsten, schönsten Platz des Landes miterlebt. Heute haben wir den Colorado River, Seen, Schluchten und kleine Buchten vor der Haustür – und unser Platz wird geprägt von zahllosen Bäumen, wilden Blumen, Rotwild, Hasen, Eichhörnchen und Vögeln.
Ursprünglich dachte ich einmal, Pete Dyes Platz-Design würde unsere Mitglieder vor zu große spielerische Probleme stellen, doch mit den Jahren veränderte auch er sein Gesicht – und Golfer aller Leistungsstärken lieben ihn heute so, wie ich es

auch tue. Dank der vier Abschlagsflächen auf jeder Bahn kann jeder sein Spielvermögen realistisch einschätzender Golfer sein Spiel hier genießen.
Auch habe ich erkannt, daß gute Bentgras-Grüns wie die unseren besser sind als gute Bermuda-Gras-Grüns.
Wenn heute jemand zu mir sagen würde: »Harvey, wenn Du einst den Beruf des Bankers ergriffen hättest, dann wärest Du heute ein pensionierter Bank-Direktor. Wäre das nicht Deiner Position als alter, ehemaliger Caddie vorzuziehen?« Dann würde ich antworten: »Als ich jung war, konnte man nur Bank-Direktor werden, wenn die Bank der Familie gehörte. Mein ältester Bruder Fred, ein Schalterbeamter, war der dienstälteste Mitarbeiter der American Bank. Er war rundum zufrieden und brachte es zu einem zweistöckigen Eigenheim in der Nähe des Onion Flusses, wo er heute sein Rentendasein genießt. Aber mit meinen Fähigkeiten und meiner Schulausbildung war der von mir ergriffene Beruf der schönste und beste, den ich mir nur vorstellen kann.«
Das Schöne am Golf ist, daß man immer zum Geist dieses Spiels findet, sofern man die Etikette beachtet. Wie gut auch immer man spielt, man wird jemanden finden, der einen bezwingt. Und wie schlecht auch immer man spielt, es wird jemanden geben, den man bezwingen kann.
Das Wichtigste für einen jungen Menschen, ob Mann oder Frau, der sich für ein Golferleben entschieden hat? »Heirate so gut, wie ich es tat.«

Vielen Dank für alles, Helen.

BLV Verlagsgesellschaft mbH
München Wien Zürich
80797 München

Bibliografische Information
Der Deutschen Bibliothek
Die Deutsche Bibliothek verzeichnet diese Publikation in der Deutschen Nationalbibliografie; detaillierte bibliografische Daten sind im Internet über http://dnb.ddb.de abrufbar.

Titel der amerikanischen Originalausgabe:
HARVEY PENICK'S LITTLE RED BOOK –

erschienen bei Simon & Schuster
New York

Deutschsprachige Ausgabe:

Übersetzung aus dem Englischen:
Hella und Dieter Praun
Druck und Bindung:
Ludwig Auer GmbH, Donauwörth

Einbandgestaltung: NETWORK,
München (Abb. Vorder- und Rückseite © Janet Perr Design USA)

Printed in Germany
ISBN 3-405-14720-4